马拉松赛事组织工作指南

蒲志强　张淑贤　编著

北京体育大学出版社

策划编辑 曾 莉
责任编辑 曾 莉 仝杨杨
责任校对 韩培付
版式设计 李沙沙

图书在版编目（CIP）数据

马拉松赛事组织工作指南/蒲志强，张淑贤编著. --北京：北京体育大学出版社，2021.5
ISBN 978-7-5644-1408-5

Ⅰ.①马… Ⅱ.①蒲… ②张… Ⅲ.①马拉松跑-运动竞赛-组织工作-中国-指南 Ⅳ.①G822.87-62

中国版本图书馆 CIP 数据核字（2021）第 087101 号

马拉松赛事组织工作指南 蒲志强 张淑贤 编著

出版发行：北京体育大学出版社
地　　址：北京市海淀区农大南路 1 号院 2 号楼 2 层办公 B-212
邮　　编：100084
网　　址：http：//cbs.bsu.edu.cn
发 行 部：010-62989320
邮 购 部：北京体育大学出版社读者服务部 010-62989432
印　　刷：河北盛世彩捷印刷有限公司
开　　本：710mm×1000mm 1/16
成品尺寸：170mm×240mm
印　　张：13.5
字　　数：220 千字
版　　次：2021 年 5 月第 1 版
印　　次：2021 年 5 月第 1 次印刷
定　　价：58.00 元

序　一

马拉松，一个曾经令绝大多数人感觉遥不可及的概念。42.195 公里，一个即便在跑步运动员圈子里也很少有人敢于企及的距离。

这些，恐怕已经变成了过去时。2019 年的数据表明，中国已经有 90 多万人完成了半程马拉松比赛，约 25 万人跨过了 42.195 公里的终点线。我也是其中一员。

我上大学时是学校中长跑冠军，曾经在 1500 米、5000 米、10000 米跑中获得过多次校运会冠军，还获得过 1990 米以及数次越野赛的冠军。那时的 10000 米对绝大多数大学生来说都是一个令人感到恐惧的距离。两年前，一个大学同学告诉我，我大学时一位 89 级校友现在的马拉松比赛成绩已经超过我了，而他当时体育课及格都要费点劲。可以说，是时代的进步和社会的发展，让一切不可能变成了可能。

中国的马拉松赛事在 2019 年已经达到 1828 场，未来的赛事数量增长是完全可以预见的。普通人在打破对马拉松运动员的神秘和敬畏以后，已经敢于直面长距离的赛道。文明城市、健康城市、活力城市、休闲城市、智慧城市、卫生城市、旅游城市的跃迁进程中，马拉松逐步成为最亮丽的名片。

无论是普通人对马拉松运动的亲近，还是城市对马拉松赛事的热忱，都给我们提出了一个看似简单、实则极难的问题：如何办好马拉松赛事？

本书作者蒲志强拥有北京体育大学的学习背景、国家体育总局田径运动管理中心的工作背景，还有北京 2008 年奥运会和 2015 年世界田径锦标赛马拉松比赛、在阿里体育部门操盘马拉松赛事的工作经历。这些背景和经历承载和遗存的是作者对马拉松赛事的深沉情感和深切体味，也使这部作品带给我们不同寻常的收获和启示。

2014 年以来“井喷”的马拉松热潮，给我们留下了无数关于马拉松改变人生、改变命运的故事和传奇。一个个普通人通过马拉松让自己的人生变得灿烂而精彩，一个个企业家通过马拉松实现了自己的理想和目标，一个个身患疾病的人通过马拉松发现了自己的乐趣和潜力，一个个曾经坐在办公室里的人通过马拉松焕发了生机和活力。这些人生传奇和生活奇迹，流转在关于马拉松的公众号、微博、微信和书籍乃至论文中。

现在，《马拉松赛事组织工作指南》成为中国马拉松蓝海中的一艘船。当无数城市对马拉松赛事表现出超乎寻常的热情时，当无数赛事公司对承办马拉松赛事表现出前所未有的热忱时，当无数赞助商对参与马拉松赛事运营表现出非我莫属的霸气时，当无数跑者对报名参加马拉松赛事表现出横扫千军的豪气时，服务好马拉松赛事利益相关方就成了最关键的问题！蒲志强先生驾驶的这条船，正努力在蓝海中指引马拉松的众多利益相关者正确前行！

我很欣赏作者提出的“四赢”理念，即获得让举办赛事的城市和运营公司、赞助商、跑者都满意的结果。虽然利益相关者太多，但这四者确实是重中之重。

作者摘取了中国田径协会关于规范办赛的文本，撷取了赛事组织管理重要环节的赛事方案，分析了赞助商参与赛事的一些基本逻辑，着力对服务跑者的一些环节做了研究。这些都是让马拉松办赛之道实现效率最大化和效益最优化的必然选择。

我只有两年多的马拉松参赛经历，目前完成了 19 场全程马拉松、11 场半程马拉松赛事，还有部分越野、戈壁、沙漠、户外接力赛事。这些经历带给我最大的启迪就是：从跑者需求和体验出发，将细节考虑到极致，或许是今后中国马拉松赛事逐渐成长和成熟的必由之路。我不大写马拉松赛事的参赛体验，但凡写，必提出问题和讨论不足。因为我深信在中国马拉松运动继续蓬勃发展的漫长征程中，我们需要的不是鼓励和赞扬，而是批判和挑剔。唯其如此，我们的服务品质才能逐步提升，从而带动更多人参与马拉松运动，引领更多企业赞助马拉松赛事，鼓励更多机构运营好马拉松赛事，最终为全民健身、健康中国、体育强国做出马拉松人的贡献。

祝贺蒲志强先生的著作出版，希望他继续深耕马拉松赛事办赛这一领域，为我们写出更多优秀作品，同时也期望跑者、赞助商、运营机构、田径协会乃至地方政府等为我们奉献更多精彩、实用的马拉松作品！

易剑东

序　二

马拉松在近几年的热度不断上升，经常有人问我：能否给他找一份马拉松赛事的办赛方案或细则？

这可难住我了！这些匆匆跨入马拉松行业的新人，心里最渴望拿到的办赛方案，往往是赛事公司的核心秘密。除了版权保护，更主要的是其中涉及报价等费用，属于商业机密，哪能轻易示人？

不少同行也上过赛事培训班，上过官方组织的课程，但是理论与实操存在较大的差距，甚至有云泥之别。没有理论和政策，肯定不行，但只懂理论和政策，而误以为可以直接上手实操，那就想得太简单。马拉松赛事各地实际情况不一样，如预算、政府支持力度、招商环境等，因此想办好一场赛事谈何容易！

好比装修。即便上过很多的培训班，看过很多遍的攻略，听过前辈的血泪史，可轮到自己上阵，依然会遇到这样或那样的问题，处处是坑，防不胜防。一部装修史，就是不断挖坑、填坑的进化史。同理，一部办赛史，就是无数马拉松人不断挖坑、填坑的进化史。

现在，一部《马拉松赛事组织工作指南》正在我的面前。一页一页浏览过去，屏住呼吸，沉浸其中，久久无法自拔。如果你热爱马拉松，如果你是赛事人，如果你打算跨入这个行业，这本书会给你不一样的启示。

这是一部即查即用的办赛细则。说手册二字都有点粗放，说办赛细则毫不为过。书里的各种表格一应俱全，从筹办到赛前到举办再到赛后，所有环节的工作方案应有尽有。从起终点的运行到嘉宾接待、车辆安排，甚至连一旦发生了舆情，对外发布的新闻通稿的规范样式，都悉数奉上。

也就是说，该书的办赛工作方案，空白处稍做调整，即可成为一个赛事的办赛初稿。别忘了，你是站在巨人的肩膀之上——里面的模板，就是当年的北京马拉松、海南三亚马拉松、上合组织马拉松等的真实方案。

我曾把办赛比作装修。巧合的是，蒲先生的这本书里，也有类似的描述，他认为赛事公司的作用更像是工程建设中的项目管理部。这个比喻要更恰当，更接近操办马拉松赛事的难度之大、事情之复杂和工作量之浩大的情况。

这也是一部中国田协前官员的心血之作。作者何许人？蒲志强。蒲先生曾在中国田协工作 11 年，操盘过北京马拉松赛事、北京奥运会马拉松赛事、广州亚运会马拉松赛事的竞赛组织工作，并以国家竞走队和马拉松队领队的身份参与了 2011 年、2013 年、2015 年世界田径锦标赛和 2012 年伦敦奥运会的马拉松比赛。

当前我国马拉松发展存在哪些问题？从业者有哪些不足？……蒲先生娓娓道来。最让笔者震惊的是，书中提及，目前市场上数以百计的赛事运营公司及其从业人员中，相当一部分对竞赛规则一知半解甚至一无所知，只是凭借一腔热血和自己亲身跑过几场马拉松后的一知半解，就去操盘一场大型的马拉松赛事。对办赛规范，蒲先生和很多赛事公司的同行讨论过，遗憾的是，明确知道答案并了解出处的人并不多。

这还是一部最懂“互联网 + 马拉松”的文化力作。蒲先生于 2017 年加入阿里巴巴集团，并先后在阿里集团旗下的阿里体育和大麦网体育中心担任路跑赛事总经理职务，致力于基于阿里巴巴生态体系的体育赛事解决方案的思考与实践探索。可以说，他也是最早懂得并实践“互联网 + 马拉松”的行家之一。

《马拉松赛事组织工作指南》，绝不仅仅停留在“术”的层面，而是站在中国马拉松全行业的战略高度上，探究马拉松行业发展的本质，剖析赛事运营的机制，挖掘和探讨未来文化融合之路。蒲先生作为最早一批实践“互联网 + 马拉松”的行家之一，在本书中从“互联网 + ”的角度、文化融合的角度以及哲学层面，反思和检视中国马拉松的现状、问题，发人深思。

鄙人不才，斗胆为马拉松前辈作序，实在汗颜。友情提醒的是，本书中列举的诸多办赛细则，诚然非常实用，但随着近几年行业的迅猛发展，办赛环境和办赛实体发生了巨大的变化，后来者特别是新入行者，切不可照抄照搬。还是把它放在具体时代背景下，分析具体办赛方案背后的逻辑，举一反三，才能为己所用。

最后，感谢蒲先生的信任。是为序。

陈远丁

前 言

2020 年的开年出乎所有人的意料！随着疫情的突然暴发，国内所有重大马拉松赛事都面临两个选择，延期或者取消。延期可以择期再办，取消可以明年再来，可是这个行业里相当一部分从业者却可能面临着生存还是死亡的选择，但是“塞翁失马，焉知非福”。这也许是路跑这个经历了近 10 年狂奔的朝阳行业一次难得的喘息和反思的机会，这个行业在过去的狂奔过程中不可避免地出现了很多不太尽如人意的地方，引起了社会和公众舆论的关注乃至批评。作为这个行业的从业者，我们应该也必须拿出时间和精力来正视存在的问题，并共同探讨找到合适的解决途径，只有这样才能保证中国马拉松产业的健康发展。引用阿里公司常说的一句话“此时此刻，非我莫属（If not now，when? If not me，who?）”。非常时期，非常时机！祝愿处于幼年期的中国路跑产业能够挺过去！祝愿从事路跑行业的兄弟们一切安好！

笔者曾经在国家体育总局田径运动管理中心（中国田径协会）工作过 11 年，期间有幸全程参与了北京国际马拉松、北京奥运会马拉松、广州亚运会马拉松赛事的竞赛组织工作，并以国家竞走队和马拉松队领队的身份参与了 2011 年、2013 年、2015 年世界田径锦标赛和 2012 年伦敦奥运会的马拉松比赛。2017 年，笔者加入了阿里巴巴集团，并先后在阿里集团旗下的阿里体育和大麦网体育中心担任路跑赛事总经理职务，致力于依据阿里巴巴生态体系的体育赛事解决方案的思考与实践探索。从事体育行业近 20 年来，笔者有幸分别以政府行业主管部门和市场化公司运营人员的身份经历了中国及国际马拉松赛事的竞赛组织、赛事接待、赛事参与等诸多方面的工作，在工作中同政府官员、体育行业主管部门官员、赞助商代表、传统赛事运营公司和互联网体育公司的管理人员进行了全方位多层次的碰撞和沟通。基于以上经历，笔者试图从马拉松赛事组织的专业规范、马拉松赛事工作手册、马拉松赛事运营机制和文化融合之路、马拉松赛事与互联网平台的互动探索4个部分对中国马拉松赛事的办赛之道进行阐述和分析，为所有正在参与和试图参与中国路跑产业的同行和同道们提供一个只是一家之见的比较直观和操作性较强的解决方案，希望有更多的有识之士能够参与到这个探索之路中来。

本书从创意、成稿到面世得到了各方面朋友和专家的指导和帮助，丁祖昱先生对本书的出版进行了资助，易剑东教授和陈远丁先生为本书作序，叶志春老师、林书燊老师、曾正泽老师和刘春先生在本书的编写过程中提供了宝贵的建议，在此一并致以崇高的敬意。

蒲志强

目 录

第一章
马拉松赛事组织的专业规范

2018 年 1 月 12 日，国家体育总局、发展改革委、旅游局等 11 部委联合印发了《马拉松运动产业发展规划》，明确指出马拉松运动产业是指提供马拉松及相关运动（主要包括 42.195 公里的长距离跑步运动以及由马拉松运动派生出来的所有在室内外进行的长距离跑步、行走等）产品与服务的一系列经济活动。作为健身休闲产业的重要组成部分，马拉松运动产业近年来呈现“井喷”式发展，成为推动全民健身、弘扬体育文化、建设健康中国的重要平台，成为发展体育产业、推动体育领域供给侧结构性改革的重要引擎，有效带动了健身、休闲、娱乐、旅游以及设施装备等相关产业发展。健康的马拉松产业应该是由参与者支付、社会资本投入、政府提供社会服务等几方面共同支撑起来的，这才有可能形成良性循环，达到三方各取所需的共赢局面。

第一节　中国马拉松赛事发展现状及存在的问题

马拉松运动为参与者带来了健康、愉悦和刺激的比赛，为举办城市带来了旅游者和消费者，增加了举办城市的活力，为中国体育事业开辟了新的疆域，赋予了新的内涵。数据统计显示，2019 年全年马拉松赛事数量持续增长，全国共举办 1828 场次规模赛事（800 人以上路跑、300 人以上越野及徒步活动），覆盖了全国 31 个省、区、市，参加人次达 712 万。《马拉松运动产业发展规划》中对中国马拉松赛事的发展现状及存在的问题进行了详细的阐述，现将相关内容总结如下。

一、发展基础和面临形势

伴随我国社会经济的快速发展和百姓对健康、休闲、娱乐需求的快速提升，我国马拉松运动持续蓬勃发展，为带动全民健身和促进体育产业发展发挥了重要作用。我国马拉松运动产业基础日益坚实，产业形态逐渐完备，产业覆盖面、社会参与度、市场认可度均得到不断提升。同时，我国马拉松运动产业发展仍面临困难与挑战：供给总量不足；产业体系有待进一步健全；产业管理体制不尽完善、运行机制不够顺畅；市场潜力未充分释放；产品创新不足、赛事同质化和运营能力参差不齐的问题较为突出。

随着供给侧结构性改革的不断深入、国家“一带一路”倡议的不断推进和健康中国战略逐步实施，马拉松运动产业迎来了重大发展机遇。马拉松运动消费呈现多层次、丰富化发展趋势，产业链联动效应越发明显。大力推动马拉松运动产业发展，促进其与科技、文化、传媒、会展、培训、医疗、保险、旅游、互联网等相关产业的深度融合发展，必将引领健身休闲产业向纵深发展，促进体育产业提质增效，助力我国体育产业发展和经济结构的转型升级。

二、面临的主要任务

（一）完善马拉松赛事运营与管理

1. 推进高水平马拉松赛事发展。积极整合国内马拉松优秀赛事资源，树立中国顶级办赛标准，打造中国马拉松名片，推动我国马拉松赛事国际化、规范化、市场化运作与发展。加强对高水平赛事平台的整体品牌塑造和全球宣传，有针对性地吸引更多国际跑者参与；促进赛事间以及与国际同行间的培训、交流和协作，整合资源，共同开发市场，宣传、提升赛事的品牌形象，推动马拉松及相关运动赛事健康发展。

2. 完善马拉松赛事管理信息平台。加强马拉松赛事管理的信息化水平，将赛事运营商的赛事申报与注册、赛事相关信息、总结以及赛事评价反馈等内容通过平台完成，在条件许可的情况下，也可以与不同赛事运营商的赛事运营平台对接，实现信息资源共享，通过平台信息的整合、归纳和分析，为马拉松行业发展提供最佳实践和决策参考。

3. 完善赛事运营规范流程和评价标准体系。完善各类马拉松赛事工作程序指南和组织工作要求，规范安保、医疗急救、竞赛组织、选手服务等实施方案，进一步提高我国马拉松赛事运营的制度化、规范化和科学化水平。综合服务、特色、规模、安全等级等标准，制定可操作的马拉松赛事评价体系，科学评定赛事等级与规模，并定期向公众发布，激发运营者的积极性，提高服务管理水平。

（二）培育多元化马拉松运动产业市场主体

繁荣马拉松运动企业主体。扶持壮大一批有自主品牌、创新能力和竞争实力的企业，支持企业在赛事运营、智能装备、市场营销、体育旅游等方面的创新，积极开展个性化定制和柔性化服务。通过多种方式，引导开发品牌特色马拉松系列。打造一批具有国际知名度、国家影响力、差异化特色的赛事品牌。

（三）积极引导马拉松运动消费

丰富赛事产品供给。创新马拉松赛事形式，大力推进特色赛事运动项目发展，突出各个马拉松赛事之间的差异化。鼓励各地结合人文、自然景观等特色，因地制宜地发展多样化赛事。积极引导具有示范效应的重点赛事项目发展。多元化满足人民群众对于马拉松运动的层次化、多样化需求。职业赛事和群众性赛事同步发展，将赛事的市场化、商业化、娱乐化程度逐步提升。

（四）促进马拉松与相关产业融合发展

1. 推动产业链衍生叠加。强化马拉松运营与城市产业发展、宣传推广的关系，加强政府、媒体与马拉松赛事运营机构、跑步协会、跑团之间的联系和交流，做大做强马拉松赛事经济规模，促进马拉松培训业、马拉松装备制造业、马拉松技术服务业、马拉松传媒业等相关产业的发展。

2. 打造“马拉松＋产业”发展新形态。大力推动马拉松与科技、旅游、健康、休闲、文化等产业融合发展，构建“马拉松＋”跨界联合发展的行业互动机制，形成“马拉松＋科技”“马拉松＋旅游”“马拉松＋健康”“马拉松＋休闲”等产业发展新形态。鼓励开发“马拉松＋互联网产业”，促进移动互联网技术与马拉松赛事运营管理的紧密结合，打造推动线上、线下马拉松的良性互动和协同有序发展，整合上下游企业资源，形成马拉松运动产业新生态圈。

（五）加强行业人才队伍建设

1. 全面提升马拉松运动教育质量。加强马拉松运动项目理论研究和学科建设，协调教育部门制定和完善有利于马拉松人才培养的教育政策，通过文字资料、多媒体视频、自媒体等多样化的途径，建立一套科学跑马教材体系和一套赛事运营教材体系。加快完善马拉松相关职业岗位技能培训的体系建设，进一步规范国内马拉松教育培训。建立马拉松智库，加快适应马拉松发展需要的专业型和复合型人才队伍建设。

2. 完善马拉松人才培养机制。整合资源，加强马拉松人才培养的规范化和专业化。发挥中国田径协会马拉松学院在人才培养、科学研究、赛事组织、大众马拉松训练指导等方面的作用，使其成为我国培养优秀体育人才特别是马拉松人才的重要基地。发挥行业协会、高等院校、社团俱乐部和企业等各类力量，利用多样化教育资源开展马拉松人才培养。建立行业人才数据库，积极通过知识共享、交流、培训等传播马拉松及跑步赛事管理、科学健身及训练的知识，提升行业人员素质。加强与国外马拉松高水平国家、地区以及企业的合作，推动马拉松人才的国际化培养，打造更多国际田联金标赛事，吸引10000个境外大众参赛者参与中国境内马拉松赛事，实现马拉松人才培养的国际化和赛事的国际化。

三、当前我国马拉松发展存在的问题及不足

《2019中国马拉松年度报告》指出：回首2019年，中国马拉松运动从量变走向质变，实现了较大飞跃，但我们必须看到，当前我国马拉松发展仍面临着一些挑战和困难，主要表现为以下几个方面。

（一）马拉松赛事数量快速增长同管理能力、资源相对有限的矛盾

2019年全国马拉松赛事达到1828场，马拉松运动整体呈现健康、稳定、蓬

勃发展的局面。与此同时，中国马拉松也面临着赛事质量良莠不齐、赛事管理人才缺乏、社会资源相对有限等问题。如何加强协会对整个行业的管理和协调，仍是今后很长一段时间内的重要课题。

（二）群众对高品质赛事的需求同精品赛事相对有限的矛盾

如今，马拉松正在成为越来越多的人追求美好生活的缩影，跑者对优质赛事的需求也呈几何式增长。但纵观中国马拉松赛事，一些办赛方的服务意识和办赛能力仍然有限，精品赛事整体占比依旧不高，难以满足群众对高品质赛事的需求。

（三）群众对马拉松科学健身知识和功能及参赛规则意识、礼仪价值认知有待提高

部分跑友科学健身意识不足，对自身运动能力的把控较弱，盲目跟风造成运动损伤；部分跑友对规则意识的理解不深入，个别赛事出现了选手替跑、蹭跑等行为；部分跑友对马拉松文化的理解不到位，存在乱扔垃圾等不文明行为。

（四）国际化程度有待提高

一是中国马拉松赛事对外籍跑友的吸引力有待提高，北马、上马等精品赛事还需采取更多措施吸引外籍人员参赛；二是与国际一流赛事相比，中国马拉松赛事的品牌价值有待进一步挖掘。

（五）群众参与广度与竞技水平高度发展不协调

与深厚的群众基础形成对比的，是中国马拉松竞技成绩不理想。主要表现在三个方面：一是全马的完赛人数在总体跑者中占比不高；二是高水平选手数量总体不多；三是竞技水平相对较低。在群众参与广度空前的今天，中国马拉松竞技成绩亟待突破。

第二节 马拉松赛事的行业规范

马拉松赛事不同于日常的小型体育赛事和活动，它是一个城市整体应急和动员能力的全面体现，是一个需要调动数十个政府相关部门，数百名的竞赛工作人员，近万名的安保人员、医疗救护人员和志愿者，数千吨的赛事保障物资，数百辆的医疗、物流和服务车辆来共同服务上万名参赛者的庞大体育盛会，必然要求运营马拉松赛事的组织和人员具备非常高的专业性。

目前，市场上数以百计的赛事运营公司及其从业人员中，相当一部分对竞赛规则一知半解，甚至一无所知，只是凭借一腔热情和自己亲身跑过几场马拉松后的一知半解就操盘一场大型的马拉松赛事。这无疑是对马拉松主办方和广大参与马拉松赛事跑友的极端不负责任的表现！马拉松赛事的组织和运营是一项极其专业和复杂的系统工程，需要管理者、从业人员和广大参与者以敬畏之心、专业态度和服务理念来共同规范。

一、马拉松赛事行业规范性文件

目前，关于马拉松赛事的行业规范性文件主要有两个。一个是由国际田径联合会（以下简称“国际田联”）颁布并由中国田径协会审定的《田径竞赛规则》（以下简称《规则》），一般两年更新一次，可以在各地新华书店买到。这个《规则》就相当于整个田径赛事的根本大法，对公路跑、越野跑和山地跑的相关基础要求做了明确的规定，比如比赛通则，标准比赛距离，赛道要求和丈量，饮/用水站、饮料站和补给站的设定，国际公路跑、越野跑和山地跑官员等。这些规定在国内大部分的赛事运营公司管理人员中并没有得到有效的贯彻执行，甚至很多人根本就不知道还有这个《规则》的存在。

另一个规范性文件就是由中国田径协会审定和颁布的《中国马拉松管理文件汇编》（以下简称《汇编》），一般也是两年更新一次，可以在中国田径协会官方网站下载。《汇编》汇集了中国田径协会颁发的所有有关中国马拉松的规范性文件，主要包括赛事管理办法、赛事组织标准、马拉松及相关运动等级赛事和特色赛事评定办法、赛事认证指南、办赛指南、参赛指南等。作为赛事运营公司的管理者和从业人员必须详细了解和熟练应用《规则》中有关公路赛事的规定，精通和学习《汇编》中所有相关文件和管理办法，这才是马拉松赛事组织专业性的根本保证。

二、马拉松赛事行业基本常识

大家可以就如下一些问题进行探讨，正确答案就在以上两个文件里，而这些问题笔者曾经反复和很多赛事公司的同行讨论过，遗憾的是，明确知道答案并了解出处的人并不多，可这些应该是组织马拉松赛事的基本常识。

1. 什么叫饮料站？什么叫饮/用水站？两者的数量各有多少，分别应该设在赛道的什么位置？两者提供补给物资内容的异同点有哪些？

2. 公路比赛的标准距离都有哪些？路面的要求是什么？

3. 公路比赛的起点和终点线宽度是多少？为什么会这样规定？

4. 什么是自备饮料？自备饮料站一般在赛道的什么位置？自备饮料如何收集和投放？

5. 专业或者精英选手能否在赛事官方规定的补给点以外获取食品或者饮料补给？

6. 赛事组委会指派的医务人员是否有权要求参赛者停止比赛？

7. 越野跑和山地跑的赛道规定和要求有什么不同？

8. 国际田联关于路跑赛事的规范标准是什么？

9. 如何申办国际田联标牌赛事？

以下两个文件是中国田径协会最新发布的有关马拉松赛事的规范性文件，可以初步回答上述的问题，所以特在本书中全文引用。但如果要完全掌握相关规范性文件，还是要完整学习中国田径协会和国际田联颁布的所有规范性文件。

《中国马拉松及相关运动办赛指南》①

一、前言和总则

为规范中国境内路跑赛事的组织管理，促进路跑赛事健康发展，特制定本指南。

（一）本指南所提到的路跑赛事包括

1. 马拉松：42.195 公里的公路跑步赛事；

2. 半程马拉松：21.0975 公里的公路跑步赛事；

3. 10 公里和其他距离的公路跑步赛事。

（二）赛事是指在中国境内（不含香港、澳门、台湾地区）面向社会公开报名的路跑赛事（以下简称“赛事”）。

二、举办赛事应当至少符合下列条件

（一）主办方获得赛事起、终点及沿途赛道的赛时使用权，同时有与赛事规模相适应的起终点场所、路线。

（二）配备的组织机构、管理人员和竞赛组织专业技术人员与赛事的规模、内容相匹配。

（三）有与赛事规模相适应的组织经费。

（四）符合国家、地方法律、法规规定的其他条件。

（五）在中国境内举办的半程（21.0975 公里）距离以上的赛事，负责赛事运营的相关人员需持有中国田径协会颁发的《中国马拉松竞赛组织管理培训合格证书》。

三、竞赛组织与管理

（一）以安全为首要目标，坚持以人为本，做好参赛运动员必要的服务。

（二）需成立赛事组织委员会（以下简称“组委会”），对竞赛组织、医疗救护、卫生检疫、安保交通等基本职能进行统筹协调和工作落实。组委会应至少包含综合协调、竞赛、安保、交通、医疗、宣传、市场、志愿者等部门。

---

① 本文件来自中国田径协会官网。

（三）参赛运动员的年龄限制如下：

1. 马拉松及以上距离：参赛者须在比赛当年满 20 周岁。

2. 半程马拉松和 10 公里项目：参赛者须在比赛当年满 16 周岁。18 岁以下未成年人参赛，组委会需要求其监护人或法定代理人签署参赛声明。

3. 10 公里以下项目：16 周岁以下未成年人参赛需要其监护人或法定代理人签署参赛声明，13 周岁以下未成年人参赛需老师或家长陪跑。

（四）赛道规划、丈量和标识的要求

1. 赛道应选择在人工铺设路面上并保证平坦，如果因交通或类似情形导致不能在主路通行，也可以在主路旁自行车道、人行道进行。起终点之间的海拔落差应控制在合理范围内，尽量满足起终点之间的海拔下降与赛道总距离的比率不超过千分之一。

2. 赛道路线应由具有丈量资质的专业人员进行丈量，确保赛道符合办赛需求。

3. 赛道上须每 1 公里设置 1 块公里牌，在折返、拐弯以及分道的路段须设指示牌。每个比赛项目的终点前 100 米处，须设置终点提示牌和运动员分流指示牌，每个终点要设置醒目的标识。各种标识牌和提示牌要清晰、明显，数量要充足，摆放位置及高度要体现以人为本，要有利于运动员观看。

4. 赛道类型

赛事组委会可根据办赛地点实际情况决定起终点是在同一位置还是分处两地。当起终点线在同一地点，起点集结区、终点疏散区及其设施放置区域也可以是分开的。这很大程度上取决于起终点区域可利用空间的大小。

1）点对点赛道

点对点赛道是从一个地方起跑到另一个地方结束。

2）往返赛道

往返赛道会通过一个折返点，在同一道路的另一侧反方向返回终点，终点和起点在同一位置（或者邻近）。建议可以利用双向分车道公路，往返两个方向就可以分别使用一个单独的车道，折返点可以设置在现有的中央隔离带。

3）单圈环形赛道

使用单圈环形赛道的赛事可以解决重叠问题，但需要封闭更多的道路，以及赛道沿途资源使用效率相对更低。

4）多圈环形赛道

多圈环形赛道只适合小规模高水平运动员间比赛。

（五）应在比赛开始报名之前或同时公布竞赛规程。赛事组委会应当按照竞赛规则、规程和实施方案组织赛事。竞赛规程至少应包括竞赛的名称、时间、地点、项目设置、赛事规模、主办单位、承办单位、比赛路线、参赛资格、竞赛办法、奖惩办法、报名办法（健康、检疫要求）、关门时间、组委会联系方式等。其中部分项目关门时间建议为马拉松：6 小时至 7 小时；半程马拉松：3 小时；10 公里：1.5 小时。

（六）赛事组委会应保障参赛报名和参赛物品发放的顺畅。

1. 可为大众选手提供网上报名等多种报名方式。

2. 赛事组委会应为成功报名参赛的运动员配备号码布，号码布的背面应要求选手填写紧急联系人及联系方式等。

3. 赛事组委会应根据赛事规模科学安排大众选手领取参赛物品的时间和方式。

（七）赛事组委会应将赛事的实用信息（竞赛、交通、安保、医疗、卫生检疫等）于赛前向参赛选手、媒体、工作人员进行及时和全面的提供，应为参赛选手提供参赛手册（也可网上公布，自行下载学习阅读），至少应包括起终点分布图、起终点交通指南、赛道图以及赛道描述、补给站和洗手间分布介绍。

（八）赛事组委会须做好起终点以及沿线的安全及卫生检疫保障工作，对易发生危及公共群体的各类风险和突发事件须有应对预案。比赛期间，起终点以及沿线应有专门的安保人员维护秩序，同时应确保在比赛进行期间运动员通行的赛道区域没有与赛事无关的车辆通行。

起终点区域应选择交通便利、适合赛事相应规模的人员聚集和疏散的安全区域，组委会应制作起终点区域的详细布局图并严格控制可进入主席台区域人员。此外，组委会还须制定选手和观众的人流疏散方案和安全保障措施，该方案需经当地公安部门认可。

1. 起点区域应使用明显的标志物进行标志，例如出发拱门，并根据不同竞赛项目的规模设置出发区。

2. 起点区应综合考虑仪式需求以及参赛选手的集结、存包、补给、医疗(检疫)、洗手间、垃圾处理等需求合理规划。

3. 终点物品发放区域应合理规划，确保选手能够有秩序领取完赛物品。

（九）组委会应详细准确记录每位参赛者的比赛成绩，并在赛事结束后48小时内尽快公布。具备条件可采用赛事信息系统提供成绩的实时查询服务。建议赛事组委会在主要点位和终点设置比赛录像，便于仲裁取证。

1. 赛事应使用合格的感应计时产品，至少在起终点、最远距离的折返点设置感应计时点。

2. 所有赛事均应至少向赛事关门时间内完成最长距离竞赛项目的选手提供奖牌和成绩证书，并在赛后将成绩证书及时提供给参赛选手（可网上公布，自行下载打印)。

（十）赛事组委会应根据赛事相关规定、赛道特点，在赛道起终点及沿途为运动员提供足够的饮用水。

1. 通常情况下，饮用水和饮料由组委会提供，但也允许运动员自备。组委会在赛道沿途应大约每5公里确保设置1个饮水/用水站或饮料站；确保水的充足供应。每个饮/用水站或饮料站须设指示牌，并在赛道适当的位置安排饮/用水或饮料桌便于运动员拿到。

2. 10公里以上的项目，饮水/用水站与饮料站应间隔配备，饮料站除饮用水外应至少提供运动饮料；超过25公里以上的项目，有条件的组委会还可提供能量补给品。

3. 每个饮料站、饮水/用水站应该根据该站点的途经运动员人数，为每名运动员提供至少250毫升的水，如气温较高或有较高的风险，应酌情增加各补给站饮水和用水量，同时可配备喷淋设施为运动员降温。

（十一）赛道起终点及沿途均应根据赛事规模配备洗手间，并配备垃圾回收设备或垃圾回收和服务，确保比赛结束后在起终点和沿途的路线上不遗留任何赛事废弃物。

1. 赛道起终点及沿途均应根据赛事规模配备足够数量的公用厕所，并预留出运动员来往厕所的通道。起点公用厕所应在赛事开始前至少一个半小时开放。

2. 起点的厕位总厕位应至少按照现场人数70∶1计算，女性选手超过40%的赛事应至少按照50∶1计算，有条件的赛事应尽可能提高比例。

3. 终点的厕位总数应至少按照现场人数的300∶1计算。

4. 沿途厕位应至少每5公里间隔摆放，有条件的赛事应尽可能在出发至5公里之间每2公里放置厕所。沿途厕所应至少按途径总人数的600∶1计算总数。厕所应摆放在饮料站和饮水/用水站至少10米之后。

5. 赛事的起终点及沿途应配备垃圾回收设备或垃圾回收服务，赛事组织方应确保在赛事结束后赛事路线上不得遗留任何赛事废弃物。

（十二）组委会应为半程以上项目无法顺利完赛的运动员提供收容服务，组委会不为被收容的运动员提供参赛成绩、排名和完赛奖牌。

（十三）赛事组委会应确保在比赛当日为参赛运动员和组委会工作人员、裁判员、志愿者提供人身保险，确保组委会有公众责任险。

（十四）除为本国或本地运动员额外设立排名奖金以及奖品外，其他奖金和奖品不应按参赛者的国籍和性别区别设置，应平等一致。所有获奖运动员的成绩应在赛事官方网站至少公示10天。运动员奖金应在兴奋剂检查（如有）结果确认后再行发放。

（十五）赛事组委会应组建裁判员执裁团队，应为所有参加执裁的裁判员提供统一的服装或标识，便于参赛运动员识别。裁判员团队应具备相关资质和执裁能力，重要岗位需对裁判员级别进行要求和限定。裁判岗位设置需明确，应在赛前进行多次裁判员工作会议和召开技术会议，对竞赛组织细节进行培训和部署。

（十六）赛事组委会应组建志愿者团队，应为所有参加赛事服务的志愿者提供统一的服装或标识，便于参赛运动员识别。志愿者团队原则以社会招募为主，组委会应根据赛事规模匹配同等规模的志愿者数量。赛前组委会应明确志愿者服务岗位和编制，明确服务要求，组织多次志愿者培训。

（十七）赛事可组织起跑仪式和颁奖仪式。

1. 起跑仪式一般包含出席嘉宾介绍及起跑发令，应尽量不安排嘉宾讲话、致辞。

2. 颁奖仪式可在现场为男女前三名安排颁奖，获奖选手名次通常参照枪声成绩进行排名。如组委会要求穿着大会提供的统一服装参加颁奖，则须事先征得获奖运动员或其代理人的同意，以免发生合同纠纷。

四、安保和交通保障

（一）赛事组委会须严格执行国家和地方颁布的《大型群众性活动安全管理条例》的有关规定来组织安保工作。

（二）赛事组委会须制定周密的赛事安保方案，方案包括起终点、赛道沿途等各个方面。

（三）为切实做好比赛各区域的人员管理工作，组委会须制作赛事证件，对赛事各区域进行严格管理。

（四）赛事组委会须根据比赛路线特点制定科学、合理的交通管制方案和人员疏散方案，确保各主要路口的交通安全。

1. 起点区域保持交通管制至最后一名运动员离开起点。

2. 终点区域交通保持管制至公布的关门时间。

3. 赛事赛道必须采用全程或分时、分段交通管制，直至公布的关门时间。如果是双向交通的公路，运动员只用其中一侧，则可以只对使用的一侧进行管制。

4. 所有赛事在赛道上要根据当地实际情况安排相应的安保人员和检查裁判员，交通路口须有警察进行管理。

5. 关于交通管制的公告须于赛事举办前 1～2 周向社会公布，以方便群众出行。

五、医疗保障

在比赛期间起终点以及沿线均须配备急救设备（包括 AED 等）和专业医务人员，必要时配备卫生检疫人员，确保及时发现并能在最短时间内在现场实施急救并将危重伤病人员送到指定的医疗机构。

（一）赛事组委会应详细列出比赛中医疗站的位置和其提供的医疗服务，并在正规医疗、卫生检疫机构的指导下制定比赛的医疗、防疫检疫方案和突发事件的应急预案。

（二）赛事组委会须指定比赛沿线的医院作为组委会官方医院，并标明医疗地点，组委会需和公安、医疗、交通管理部门协商，开通绿色急救通道。

（三）赛事组委会应根据实际情况安排足够的移动救护人员、医疗救护车和医疗站，同时在赛道沿线也须安排足够的医疗志愿者进行服务，确保在第一时间发现、报告并开展救治工作。

（四）赛事组委会还应明确医疗、检疫服务中所发生的费用的经济责任。

六、宣传推广

（一）赛事组委会应积极通过媒体进行赛事新闻发布，做好与办赛当地居民的赛事沟通工作，积极宣传全民健身和路跑运动，争取居民的最大理解，鼓励居民沿途观赛。

（二）组委会组织的相关活动及发布的赛事广告和媒体宣传内容必须真实、健康，不得误导、欺骗参赛者和消费者。并确定新闻发言人，唯一代表组委会对外口径。

（三）赛事组委会应做好赛事媒体报道资料的收集和归档，建立媒体素材库。

七、市场开发

（一）各赛事的广告须严格按照国家有关规定来执行。各组委会应自觉接受当地工商、审计、税务等部门的管理和监督。

（二）组委会应严格遵守国家关于市场活动的有关规定，所有赛事严禁接受烟草赞助，酒精含量高于20%的酒精产品不能作为冠名赞助商。

八、其他

（一）举办社会福利募捐性赛事，应当经民政部门核准。举办赛事获得的收入除支付必要的成本开支外，必须全部交付受捐人，其他任何单位和个人不得从中提取报酬。

（二）所有赛事组委会均应在赛事组织中注意勤俭办赛、节约自然资源，保护自然环境。

九、中国田协作为中国境内田径及马拉松运动的行业管理协会，对违反赛事组织指南及中国马拉松管理办法，并造成不良社会影响的组委会将依规进行监管和处罚。

十、本指南解释权为中国田径协会。

《国际田联标牌路跑赛事 2020 规则》[①]

“国际田联标牌路跑赛事”是一项汇聚世界顶尖路跑赛事的计划。国际田联标牌标志着赛事组织的高标准，对国际田联竞赛规则的全面执行，官方对赛事的全力支持，主办方对推进该体育项目的承诺，以及在全球反兴奋剂斗争中的具体措施。该标牌也是对顶级精英赛事进行分类，引领运动员、体育爱好者和媒体聚焦世界顶级赛事起到导向作用。对于有大众参与的赛事，该标牌也标志着赛事在安全性和跑者体验上的更高标准。最重要的是标牌等级制可以引领赛事从铜标直至白金标。

2020 年标牌路跑赛事的授予将按以下标准：

——符合 2019 年标牌赛事标准

——接受现有规定包括支付标牌费用和运动员缴款（见以下财政义务），比如举办 2020 年标牌赛事的能力。

该文件也规定了在 2020 年获取 2021 年标牌的标准。

申请程序和时间节点

新的申请只有在申请截止日期前成功举办过至少两届（符合正式比赛距离）赛事的才会被接受。即标牌是从一项赛事的第三届开始授予。新赛事第一年申请必须从铜标牌开始。

申请白金标牌的赛事必须在过去三年（2017—2019）连续被授予金标牌。批准或者驳回申请的权利由国际田联自行决定。

以下类别的赛事可以申请标牌：

——符合官方规定距离、可以认定世界纪录的赛事（详见国际田联竞赛规则第 261 条）：5 公里、10 公里、半程马拉松和全程马拉松。

——超长距离或非标准距离的“经典赛事”。

2020 年起，标牌将分为以下四类：

- 国际田联白金标牌

---

① 本文件来自中国田径协会官网。

- 国际田联金标牌
- 国际田联银标牌
- 国际田联铜标牌

赛事组织方若已经或期望达到2019年标牌赛事标准（见所列标准），不论2020年的赛事日期是何时，赛事组织方须**在2019年9月15日之前提交申请表。**若申请方2019年赛事还未举办，则视为临时性赛事，赛后30天必须完成向国际田联递交赛后报告。

标牌赛事日程表将于**10月14日**发布，赛事活动为2020年1月1日至9月30日。

2020年日程表将于2020年1月下半月完成。

赛外测试方案专用经费的财政义务

标牌费

获得国际田联授予的标牌的赛事需支付“标牌费”，为赛外专用测试贡献资金。2020年标牌费如下：

活动名称	白金标牌	金标牌	银标牌	铜标牌
马拉松	$66,667	$15,000	$10,000	$5,000
其他项目	$20,000	$10,000	$5,000	$2,500

注：以美元为单位，单一性别赛事的标牌费减半。

运动员的缴费贡献

除了上述提到的标牌费用外，从2020年赛事排名前5的运动员总奖金中需征收1.5%的费用（罚款和税款之前），此款项为运动员对该专用资金的贡献。2020年赛事奖金必须在标牌申请中公布，费用直接由赛事组织者上缴给国际田联。国际田联会在2019年10月针对2020年1—9月份举办的路跑比赛为赛事组织方征缴的费用和标牌费开发票，2020年1月份为2020年10—12月举办的赛事开发票。所有发票需在发票日期之后的30天内完成支付。若不遵守以上财务规定，则国际田联保留随时从2020年标牌赛事日程表中移除或撤销赛事的权利。

对于2020年白金标牌赛事来说，要额外征收运动员出场费的1.5%的费用。

费用由赛事组织方直接支付给国际田联。国际田联将在2020年赛事举办后单独联系赛事组织方安排发票和出场费缴纳事宜。

2020年精英赛要求

白金标牌赛事至少要有3名男子和3名女子白金级运动员，4名金级（或更高级别）运动员参加并诚信比赛。

金标牌赛事至少要有4名男子和4名女子金级别运动员（或更高级别），3名银级别运动员（或更高级别）参加并诚信比赛。

银标牌赛事至少要有5名男子和5名女子银级别运动员（或更高级别）参加并诚信比赛。

铜标牌赛事至少要有5名男子和5名女子铜级别运动员（或更高级别）参加并诚信比赛。

2020年运动员标牌级别及针对白金和金级别运动员的赛外注册检测池

2020年将扩大路跑运动员的赛外注册测试池。这些运动员将参与田径诚信机构的赛后测试项目。所有白金级别和金级别的选手都将是测试池中的一部分。

男女白金级别运动员数量规定为各25名。

金级别运动员数量在10月15日决定，取决于2020年标牌路跑赛事混合组和总体的报名人数和赛后运动员测试的可用资金数量。

注：基于2019年路跑报名数量和混合组数量，可预测男女金级别运动员为100～130，白金级别运动员男女各为25。

运动员的级别取决于他/她在与申请标牌的赛事有关的国际田联项目中的世界排名。不论级别是在哪项赛事中获取的，运动员均可在任意距离项目使用该级别。

白金级别（男女各25名运动员）

●第一轮认证（根据2019年10月15日周二的世界排名来定）

• 马拉松项目前14名

• 路跑项目前3名（不包括在马拉松项目中已经获得白金级别的运动员）

• 10000m项目第1名（不包括在马拉松项目和路跑项目中已经获得白金级

别的运动员）

●第二轮认证（根据2020年1月28日周二的世界排名）

• 马拉松项目中还未达到白金级别的前4名

• 路跑项目中还未达到白金级别的前2名

• 10000m项目中还未达到白金级别的第1名

金级别（人数未定）

●第一轮认证（根据2019年10月15日周二的世界排名来定）

• 马拉松项目前70名（不包括白金级别运动员）

• 路跑项目前15名（不包括白金级别运动员和在马拉松项目中获得金级别的运动员）

• 10000m项目前5名（不包括白金级别运动员和在马拉松及路跑项目中获得金级别的运动员）

●第二轮认证（根据2020年1月28日周二的世界排名）：根据10月15日决定的配额数量决定人数，并与第一轮数量保持相同比例（马拉松14，路跑3，10000m 1）

白金和金级别运动员经纪人出场费的缴费

对于符合白金和金级别的运动员，会要求运动员经纪人支付相应费用的认证费，白金级别1000美元，金级别500美元。如果运动员经纪人拒绝缴费或是运动员因为其他原因不能满足相应条件，运动员则不能获得相应级别，名额也会顺延至下一排名的运动员，直到所有名额分配完毕。

若运动员没有经纪人，则直接联系运动员本人缴费。

银级别（只有一次认证，即2019年10月15日周二自动分配，无须确认或缴费程序）

每个性别：

• 马拉松项目中排名前250名且未获得白金或金级别认证的运动员

• 路跑项目中排名前150名且未获得白金或金级别认证的运动员

- 10000m 项目中排名前 50 名且未获得白金或金级别认证的运动员

铜级别（只有一次认证，即 2019 年 10 月 15 日周二自动分配，无须确认或缴费）

每个性别：

- 马拉松项目中排名在 251－400 名的运动员
- 路跑项目中排名在 151－250 名的运动员
- 10000m 项目中排名在 51－125 名的运动员

注：如果两名或两名以上运动员排名相同，则他们都将获得较高一级的标牌级别。例如，4 名运动员同时位于男子“马拉松”项目排名第 249 位，那么 4 名运动员都可获得银级别标牌。

参赛协议（谈判），运动员合同，奖金和支付条款

赛事主管只能通过以下方式就运动员的参赛和宣传进行谈判：

- 通过运动员所属的田径协会；
- 直接与运动员谈判（此种情形，须通知相应的国家田径协会）；或
- 通过正式授权的运动员经纪人

正式授权的运动员经纪人名单见国际田联网站：

www. iaaf. org/athletes/athlete－representatives。

作为赛后报告的一部分，赛事主办方应提供商谈精英运动员参赛事宜的运动员经纪人及其代理的运动员名单。

双方建立在诚信基础上的合同应遵守国际田联竞赛规则以及赛事主办国的任何适用法律，并明确赛事主办方和签约运动员之间的安排，合同应由双方签署，并共同予以遵守。

主办方应在合同规定的时间段内（一般为收到赛事现场兴奋剂检测的结果后的 60 天内）向签约运动员支付包括报销费用、出场费、任何奖金和奖励在内的所有款项。还应向运动员提供合适的住宿、餐饮和接送。作为一般规则，所有差旅费应在运动员到达赛场后支付，且不得晚于运动员离开赛场的前一天。

运动员和主办方签订的合同中应提及可能被赛事主办国财政当局就出场费、

奖金或奖励所征收的任何预扣税。赛事主办方应在适当的时候向运动员或其经纪人提供财政当局的相关文件，以证明任何此类费用都已妥当支付。

合同应规定，若运动员随后被认定在赛事期间有药物违禁行为，或赛事前因违规被禁赛，导致他/她在赛事中的成绩无效，则运动员有责任退还其从赛事主办方收到的与其赛事表现有关的任何和所有款项。这也包括支付给运动员经纪人的任何佣金。

应公平支付所有参赛选手奖金，包括完赛用时奖励，不论其国籍或性别——即男性和女性运动员、主办国和其他国家运动员的名次奖金应该是平等的。赛事可以为主办国运动员提供特别激励奖以鼓励国民参与和发展。

国际田联观察员和技术代表

国际田联可以向申请方或标牌赛事任命一名观察员或国际技术代表。对于白金和金级别标牌赛事来说，国际田联可任命2名以上的观察员或技术代表。观察员或国际技术代表将确保赛事遵守国际田联规则和国际田联标牌路跑赛事规则，如果赛事主管提出要求，还可对赛事组织提供相应协助。

赛事组织方应提供所有必要通行权限、身份认证和协助，以便观察员和国际技术代表能到达要求规定的操作区域和赛前会议，并为其工作提供综合性便利。

与之相关，国际田联将向赛事举办方提供一份由国际田联观察员或国际技术代表完成的报告。

赛事组织方应为任命的观察员或国际技术代表支付下列费用：经济舱差旅费、最多三晚的当地住宿、餐饮和当地交通费。

技术、安全和跑者体验

赛事应依据国际田联竞赛规则组织。

赛道应持有IAAF或AIMS国际测量认证，且至少比赛日均在有效期内。

赛前必须与精英运动员及其经纪人召开一次赛前技术会议，在会议上必须传达赛事的全部安排（热身日程安排、比赛的安排、饮料食品供应站的配置、途中退赛后如何抵达终点等），并向运动员介绍配速员。如果技术会议不是以英语召开，应提供英语翻译。

裁判必须出席技术会议。

在比赛日前夜（或者，对于下午或晚间赛事，不迟于比赛日上午）须组织检查运动员的比赛装备，以确保精英运动员的比赛装备符合国际田联广告规则。为了能更好地识别所有运动员，强烈建议为精英运动员提供印有姓名的个性化号码布，供其比赛日佩戴。

主办方应允许运动员自备饮料食品，在此情形下，运动员应明确其在哪个供应站放置。自运动员或其代理人交付自备补给起，该补给品即应处于主办方指定官员的监管之下。监管官员应确保补给品不会以任何形式被改变或破坏。

到达起点处的交通

所有跑者到达起点处的交通必须是高效的。对于有大众参与的赛事，交通安排必须考虑场地规模和住宿地与起点处的接近性。

起跑前

必须有充分的途径（身份认证或类似方式）来控制安全区域的通行权。摆放在起点处的标识应清晰并且提供足够的信息。应为精英运动员提供充足、安全且光照良好的热身场地。必须提供男/女独立更衣间。如果赛事还包含有轮椅或手摇自行车比赛，则必须提供残障人士专用的厕所。必须为精英运动员，如果条件允许，包括大众跑者，提供便利的行李寄存服务。起跑阵型（或选手波次）的安排必须依据配速或预计完赛时间来确定。

封路

在比赛期间整个赛道除了官方车辆外，必须完全封闭车辆交通，直到公布的结束时间为止。交通将在起点处最后一名跑者起跑后、终点处最后一名跑者完赛后或到结束时间后恢复通行。

若是双向车道，仅运动员比赛的那一侧道路需要封闭车辆交通。在可能情况下，基于安全考虑，双向车道均应封闭车辆交通。在白金标牌赛事中，比赛线路应禁止除赛事车辆外任何形式的交通。

所有跑者的安全至高无上；因此，在所有路口必须部署警力和/或交通管制员。

比赛

测量过该赛道的丈量员或其他由官方指定的合格的赛道丈量员应携带详细记

录官方所测量赛道的文件，在比赛期间应乘坐引导车，确认运动员所跑赛道是否与官方丈量员所测量和记录的赛道相一致。

在男女运动员分开的赛事中，每一项比赛的引导车中都应乘坐一名认证的丈量员或其他有资质的人员。所有中间计时点都应由赛道丈量员测量并标注，且应反映在赛道地图上。安装的英里和/或公里路标应突出并且易辨识。

每个标牌赛事的不同距离项目应分别开跑。除非参加标牌赛事的精英运动员和其他项目跑者间的缓冲区足够大，可以避免其对精英运动员的干扰，方可例外。一旦比赛开始，务必要保证参加标牌赛事的精英运动员不会与非同一项目的其他跑者接触，此情况将违反国际田联竞赛规则 144.3（a）款关于协助的规定。

在领跑者前方应配备一辆对跑者进行赛道引领的引导车，引导车上应设置计时装置，显示比赛开始后已消耗时长。在安全前提下，混合性别比赛中的男女领跑者前方都应配备一辆引导车。

裁判或指定人员应能够根据其意愿，驾驶摩托车或自行车，密切跟随路跑赛事的领跑组。裁判在发现运动员违反规则时可发出警告；对于特别严重的情形，可取消运动员参赛资格。

在白金和金标牌赛事中，应使用终点摄影装置，以便在参赛者到达终点时间非常接近时，借助照片来判定名次。

配速

配速员均由官方授权，且能通过与众不同的服饰或类似物品清晰辨认。为更好推广全体运动员形象，配速员的主号码布应印有姓名。如果配速员没有高辨识度的衣着，可将“配速”和其姓名一同印在他的主号码布上，或印在位于胸前或后背的第二个主号码布上。

饮水/海绵和饮料食品供应站

依照国际田联竞赛规则第 240.8 条规定，赛道上应有足够的饮水/海绵和饮料食品供应站，并配备充足的经培训工作人员。

供应站应有裁判员在场，以确保给予每位精英运动员的补给是公平的，若有任何违规则需上报。

精英运动员只能从赛事主办方提供的官方站点获得水或饮料食品。包括配速员在内的参赛者均可分享饮料食品。但是来自任一运动员对一个或多个其他运动员的持续性支持可能会被认为是不公平援助，并可能被警告或取消比赛资格。在男女混合比赛中，男性运动员向女性运动员传递饮料食品，如果被认定为不公平援助，则可能会导致后者被取消参赛资格。

计时与成绩

赛事必须全部采用感应器进行电子计时，并向完赛者提供成绩。分段时间和包括根据发枪时间而定的赛事官方成绩在内的最终成绩应在最短时间内告知给媒体和观众，并发布在赛事的官网上。应尽可能合理记录分段时间，以便于统计、记录和评判。

赛后应立即将男子组和女子前20名完赛者的官方成绩以一个PDF文件发送至国际田联邮箱，该文件需同时包含男女运动员的成绩。根据国际田联竞赛规则165.24（e）款说明，“官方时间”是指发令枪响起至运动员触终点线的时间。

保险

赛事主办方应向第三方保险公司购买责任保险，以避免主办方可能面临的责任风险，其中包括运动员和官员发生的意外。

白金标牌赛事的附加标准

白金标牌赛事申请者应满足以下在赛事组织、安全性和跑者体验方面的附加标准：

- 应允许能够依据赛事特殊条款参赛的残疾运动员参赛。
- 需配备专职、易于识别的赛事安全官员。

*在申请白金标赛事前一年，该赛事所申请的距离应至少有15000名对应项目的完赛者（若距离短于半程马拉松，则需10000名）。组织方应购买赛事取消保险或采取其他在比赛被取消后可以退还报名费的措施。

- 在起跑点的可移动卫生间与运动员的配比不能超过1:62。如果有轮椅或手摇自行车比赛，40个可移动卫生间中应至少有一个残障人士专用的卫生间。
- 通常情况下，比赛应在其公告时间的1分钟内开始。
- 在赛道上不能有汽车停放，或是使用其他方式例如栅栏、胶带或其他类似方式，确保车辆与赛道完全分离开。
- 必须具备与现场全部参赛者实时通信的能力（大众公告）。
- 检录处和终点线处的跑者密度不应超过0.25每平方米。

医疗

医疗服务应与赛事参与人数和当时的天气条件相适应。赛事应指定一名医疗主任，其具体联系方式应告知技术代表（如国际田联为赛事指定了技术代表）。

赛事组织者应严格按照国际田联赛事医疗指南的标准向赛事参与者提供医疗服务。作为赛后报告的一部分，医疗主任应按要求向国际田联分享赛事的医疗事件整合匿名数据。国际田联强烈建议赛事医疗主任持续接受医疗教育，这在2020年的各项标牌赛事中将成为一项义务。（更多信息，请联系 paoloemilio. adami@iaaf. org）国际田联健康科学部将在 www. iaaf. org/aboutiaaf/health - science 公布认证课程列表。

比赛期间兴奋剂检测

在比赛日前三周，主办方应向田径诚信委员会（邮件地址：virginie. ocquidant@ athleticsintegrity. org）提供最新版参赛人员名单，以及精英运动员将入住的官方酒店详细信息。

应按照国际田联反兴奋剂规则进行所有规定检测，费用由赛事组织者承担。所需收集的样本数量最少为：

• 白金标赛事：混合性别比赛需 12 名（男女各 6 名），单一性别的比赛需 6 名。至少 6 份样本需进行 EPO 检测。此外，还需在赛前对全部精英运动员进行系统性的生物护照血液检测（铜标、银标、金标、白金标）。

• 金标赛事：混合性别比赛需 8 名（男女各 4 名），单一性别的比赛需 4 名。至少 4 份样本需进行 EPO 检测。

• 银标赛事：混合性别比赛需 8 名（男女各 4 名），单一性别的比赛需 4 名。至少 2 份样本需进行 EPO 检测。

• 铜标赛事：混合性别比赛需 6 名（男女各 3 名），单一性别的比赛需 3 名。至少 2 份样本需进行 EPO 检测。

申请升标的赛事需按拟升级标牌赛事的标准采样。该规定同样适用于 2020 年无标赛事申请 2021 年铜标赛事。

兴奋剂检测样本应由 WADA（世界反兴奋剂机构）认证的实验室进行分析。

需进行附加兴奋剂检测的情况包括：

• 当世界纪录被打破或追平时，需进行系统性检测；

• 任何已打破地区或国家纪录的运动员主动要求时（费用由运动员所在地区联合会或国家协会承担）。

通信联络

现场电视屏幕

所有白金标牌和金标牌赛事应在终点区配置至少一个巨型屏幕为观众直播比赛进程。

媒体服务

应向记者和摄影师提供适当的媒体服务，至少满足如下最低要求：

• 单独递送男女前 20 名成绩。

• 有专门的赛事网站，并至少提供英文版参赛者名单和完赛者名单。对于金标牌和白金标牌赛事，需要提供功能完备的英文网站。

• 电视显示器和高速网络接入。

金标牌和白金标牌赛事必须安排至少一场精英运动员赛后新闻发布会，同时提供英文传译。

国际播放要求

标牌赛事必须满足如下要求

• 白金标牌赛事

——在主办国/地区：需确保赛事在至少一个全国电视台进行全程直播。

——在国际上：在至少 20 个国家/地区进行电视或网络流媒体全程直播。

• 金标牌赛事

——在主办国/地区：需确保赛事以电视或网络流媒体形式进行全程直播。

——在国际上：在至少 10 个国家/地区进行电视或网络流媒体全程直播。

• 银标牌赛事

——在主办国/地区：需确保赛事全程播放（直播或延时播放）电视或网络流媒体播放。

• 铜标牌赛事

——在主办国/地区：需在电视或网络流媒体播放比赛精彩部分。

对于白金标牌和金标牌赛事，需向国际田联提供英文版媒体报告。

向国际田联提供电视报道

每个国际田联标牌路跑均应以指向视频分享网站（YouTube，Vimeo，优酷等）的网页链接或数字文件的形式，向国际田联提供完整的赛事录像（未剪辑的国际版本）。国际田联只用于评估目的，无权进行再发布，也不对该录像拥有其他任何权利。

应国际田联要求，主办方应提供多达5分钟的“播放质量”比赛录像（清洁版）供其使用，除非现存的媒体权利合同导致主办方无权提供。

国际田联品牌推广

从2020年1月1日开始，“国际田联”将更名为“世界田径”。新名字和新的品牌形象将从2019年11月开始慢慢推出。这意味着2020年的“标牌路跑赛”将成为“世界田径标牌路跑赛”。

虽然建议逐步淘汰国际田联相关的标识和品牌，但现在仍有一定的灵活性。国际田联和世界田径将同时存在，尤其是在2020年上半年的赛事中。

新的世界田径标牌和纪念品及其使用指南将从2019年11月开始逐步发放。

所有2020年标牌路跑主办方须知：

• 在终点100米范围内，由赛事主办方制作并展示至少两处国际田联展板（或横幅），和/或在终点拱门处展示国际田联标牌路跑赛事的标识，作为非商业伙伴识别计划的一部分。展示品由国际田联/世界田径提供设计。展板和标识会在重要的现场报道中非常醒目。

• 作为赛后报道的一部分，主办方应提供带有国际田联标牌路跑赛事标识认证的照片。

• 国际田联路跑标牌赛事的标识应展示在赛事官网主页。

• 赛事主办方应在所有赛事相关印刷品（例如：手册、海报、官方秩序册、参赛名单、比赛成绩、新闻发布会和庆功会背景等）上印上国际田联标牌路跑赛事标识。在发给观众和媒体的官方秩序册上安排一整页的广告，组委会负责提供国际田联/世界田径的纪念品。

第三节　以专业的态度精心组织赛事

赛事运营公司在运营一场赛事前一定要明确举办的是赛事还是活动，如果是赛事，一定要以专业的态度来精心组织；如果是活动，就可以在保证安全的前提下进行一些创新和发挥。就目前国内的绝大多数城市马拉松来说，它首先是一场赛事，因此需要我们以专业的态度来精心组织和运营。

一、明确政府、体育行业主管部门和赛事公司的分工

一场成功的赛事一定是在政府、体育行业主管部门和赛事公司合理分工合作的基础上举办的。这里所指的政府是指除体育行业主管部门以外的其他政府部门，上至主管副市长及至市长，下到街道办和居委会。一场马拉松赛事几乎需要动员一个城市所有相关的政府部门，从这一点上讲，举办马拉松赛事也是对政府部门应对重大公共事件和应急管理能力的一种考验，一个成功的马拉松赛事如果没有政府的统一协调和指挥是根本不可能成功举办的。体育行业主管部门的主要工作是要确保赛事的规范和专业性：一是协助政府主管领导起草拟定政府部门的保障工作方案，二是协助赛事公司做好与相关政府部门沟通协调工作，三是要调派专业技术人员来指导和支持赛事公司办好赛事（这点类似北京奥运会期间各个单项分别设置的竞赛管理团队和专业技术官员团队两者之间的配合）。赛事公司的作用则更像是工程建设中的项目管理部，要在政府和体育行业主管部门的支持和指导下做好有关赛事运营的所有具体工作，针对起终点管理、赛事管理、选手管理和人员分工制订合理可行的运营方案，特别是作为赛事公司的负责人，心里一定要明确专业的人来做专业的事，切不可大包大揽，忽略体育行业主管部门的协调和管理作用。

二、制订合理可行的赛事运营方案

如上文提到，赛事公司的作用更像是工程建设中的项目管理部，一定要针对

起终点管理、赛事管理、选手管理和人员分工制订合理可行的运营方案。其实，制订方案的过程就是全体运营人员学习和交流的过程。任何一项马拉松赛事，一定要抽出一周甚至更长的时间把各部门的人员集中在一起，共同讨论赛事运营的各个具体方案，逐条逐项地讨论，达成充分的共识。在这个过程中，各部门的人员一定要把自己放在管理部门、参赛人员等不同的角度来对方案进行审视和质疑，只有这样才能在最大程度上保证方案的合理性和可执行性。

方案制定好后并不是拿来给上级领导汇报后就束之高阁了，所有各部门的工作人员一定要拿着方案每天都去起终点和赛道不断地检查和校正。因为马拉松赛事的赛道和现场并不是一成不变的，它随时都会面临各种突发情况，例如市政部门临时修路、电力自来水等部门临时修理管线、园林绿化部门临时施工等情况，所有这些突发情况的发生都需要我们对方案进行调整甚至推倒重来。其实制订和调整方案的过程就是运营人员自我学习的过程，只有对方案的起草、制订和调整过程全程参与，才能在赛事执行过程中镇定自若，从容应对各种突发情况。像马拉松这样的大型赛事活动现场情况瞬息万变，可以负责任地说，几乎没有一项流程是完全按照事先制订的方案来实现的，但是同时也可以负责任地说，只有对方案整个制订过程和赛事现场了然于胸的赛事运营者才能在第一时间做出最合理的选择，过程决定结果。一个马拉松赛事的运营方案应该包括的各项内容，最多可有 30 个子方案之多。

三、充分发挥竞赛官员和骨干裁判员的作用

在赛事组织过程中由体育行业主管部门调派的竞赛官员和骨干裁判员大部分都是经过体育院校和中国田径协会培训和认证的专业人员，他们在赛事的规范运营方面应该发挥相应的作用，比如起终点流程管控、赛前检录、赛道管理、饮/用水站管理、竞赛物资调度、竞赛车辆调度、赛后控制等方面都可以发挥重要的作用。

目前，在马拉松赛事运营方面存在一种忽视竞赛官员和裁判员职能和作用的观点，这种观点并不可取。因为赛事公司有限的精力和专业度决定了不可能面面俱到、事事精通，所以在赛事规范运营方面一定要尊重竞赛官员和骨干裁判员的

专业能力，应该在赛事筹备阶段就邀请赛事所在地相关人员加入，这样双方才可以更好地融合，共同为赛事顺利举办出谋划策。而不是目前所看到的大部分赛事在赛前几天才开始接触，这样双方必然会存在理念和观念的冲撞。只有充分发挥竞赛官员和骨干裁判员的作用，赛事公司才能把主要的精力放在赛事的整体策划、成本控制和物资采购调配方面，才能有更多的精力来服务好赞助商和广大参赛选手，双方的高效合作必然会在促进赛事运营机制健康有序、保证赛事可持续发展方面起到积极正面的作用。

2018 年海南三亚马拉松，由海南省田径协会叶志春和林书燊老师牵头作为裁判主管部门制定了详细的《马拉松赛事裁判员工作方案》，该方案详细地描述了赛事运营过程中裁判员的工作职责和流程。笔者作为运营公司（阿里体育）代表担任组委会竞赛部部长，与竞赛部全体同事一起协助海南省田径协会共同对方案进行了审定，明确了赛事公司和裁判员的分工，确保了赛事的顺利举办，得到了海南省主管部门和三亚市政府的高度赞扬。本书将该方案修改整理后收录，供读者参考。

裁判员工作方案

注：本方案中比赛时间设定为早上7：30。

一、基本资料

（一）比赛当日流程时间表

存衣时间	检录时间	起跑仪式	出发时间	颁奖时间	终点关门	打印成绩证书	领取完赛物品时间	领取存衣截止时间
6：00 至 7：15	6：00 至 7：15	7：15 至 7：30	7：30	全程 10：30 半程 9：30	全程 13：45 半程 10：45	比赛结束 24 小时后 线上打印	到达终点 后 即刻领取	全程 15：00 半程 12：00

（二）裁判员名单及工作安排表

<table>
<tr><th>序号</th><th>组别</th><th>主裁判</th><th>裁判员</th><th>裁判员人数</th><th>志愿者人数</th></tr>
<tr><td>1</td><td>技术代表</td><td colspan="2"></td><td>1</td><td></td></tr>
<tr><td>2</td><td>技术官员</td><td colspan="2">赛事全面：
起终点：
饮水饮料：
检查：
赛道丈量：</td><td>5</td><td></td></tr>
<tr><td>3</td><td>仲裁</td><td colspan="2"></td><td>5</td><td></td></tr>
<tr><td>4</td><td>竞赛主管</td><td colspan="2"></td><td>1</td><td></td></tr>
<tr><td>5</td><td>竞赛主管助理</td><td colspan="2">外场裁判长：
外场裁判长：
内场裁判长（半程）：
内场裁判长（全程）：
场地器材：</td><td>5</td><td></td></tr>
<tr><td>6</td><td>发令</td><td colspan="2"></td><td></td><td>1</td></tr>
<tr><td rowspan="3">7</td><td rowspan="3">检录与起点</td><td>（全程）</td><td></td><td rowspan="3">3</td><td>半程赛后16
全程赛后7</td></tr>
<tr><td>（半程）</td><td></td><td>全程赛后10</td></tr>
<tr><td>（迷你）</td><td></td><td>全程赛后5
迷你终点12</td></tr>
<tr><td rowspan="3">8</td><td rowspan="3">终点</td><td>（全程）</td><td></td><td>4</td><td>2</td></tr>
<tr><td>（半程）</td><td></td><td>5</td><td>7</td></tr>
<tr><td>（迷你）</td><td></td><td>5</td><td>12</td></tr>
</table>

续表

序号	组别	主裁判	裁判员	裁判员人数	志愿者人数
9	记录公告	（全程）		2	
		（半程）			
10	检查			62	185
11	饮料站	5 公里		4	60
		10 公里		4	55
		15 公里		5	60
		20 公里		4	40
		25 公里		4	30
		30 公里		3	25
		35 公里		4	30
		40 公里		3	18
12	饮/用水站	7.5 公里		4	55
		12.5 公里		4	45
		17.5 公里		4	35
		22.5 公里		5	33
		27.5 公里		4	30
		32.5 公里		4	30
		37.5 公里		4	28
13	收容			10	16
14	关门			7	18
15	赛后控制中心	（全程）		5	22
		（半程）		3	16

续表

序号	组别	主裁判	裁判员	裁判员人数	志愿者人数
16	完赛包发放	（全程）		3	12
		（半程）		3	12
17	衣物寄存	（全程）		9	32
		（半程）		11	40
18	场地器材			10	
19	兴奋剂			1	1

（三）裁判员、志愿者培训日程表

日期	时间	内容	参加人	责任人	会议地点	需用车辆	备注
赛前3天	16：00	会议	主裁判及以上裁判长	竞赛主管	另行通知		60人会议室
赛前2天	9：00	看比赛路线	主裁判及以上裁判长	竞赛主管		大巴车1辆	
	14：30	会议	全体裁判	竞赛主管	另行通知		250人会议室
	19：30	会议	主裁判及以上裁判长	竞赛主管	另行通知		

续表

日期	时间	内容	参加人	责任人	会议地点	需用车辆	备注
赛前1天	8：30	全体会议、分组学习	全体裁判、志愿者	竞赛主管	另行通知		1200人会议室
	10：30	各组裁判场地实习	全体裁判、志愿者	主裁判		大巴车4辆、中巴车4辆	按备注分配车辆
	14：00	竞赛技术会议	技术代表、技术官员、竞赛主管	技术代表	另行通知		250人会议室（有投影）
	15：00	各组裁判学习	部分裁判、志愿者	主裁判	自行解决		
	19：30	会议	主裁判及以上裁判长	竞赛主管	另行通知		
比赛当天	5：00	所有比赛器材进入场地	场地器材组裁判员	场地器材主裁判			
	7：30	比赛	全体裁判及志愿者	竞赛主管			
	13：30	收回所有比赛器材	场地器材组裁判员	主裁判			
备注：收容、关门1辆大巴车；饮料1辆大巴车；补给、用水1辆大巴车；兴奋剂检测、终点、赛后、衣物寄存1辆大巴车。							

（四）运动员号码标志、标识（示例）

国籍	性别	全程马拉松		半程马拉松		情侣马拉松		迷你马拉松	
		号码	标识	号码	标识	号码	标识	号码	标识
外国籍	男	A0001—A0050	白底黑字	B0001—B0050	白底黑字				
	女	A5001—A5050	白底红字	B5001—B5050	白底红字				
中国籍	男	A0051—A2999	白底黑字	B0051—B2999	白底黑字	C0001—C0999	白底黑字	80001—89999	白底黑字
	女	A0051—A2999	白底红字	B0051—B6799	白底红字	P0001—P0999	白底红字		

注：①全程、半程、情侣马拉松男女每人一块号码布缝在胸前，一块小号码布贴在盛衣袋上。迷你马拉松男女每人一块号码布缝在胸前。（注：情侣马拉松两人号码必须一致。）

②情侣马拉松及迷你马拉松不分国籍，外国人可以参加，号码布也不用区分。

③其中男子半程增加 B6800—B6999 号码段。

注：①每位选手只戴一块号码布参赛，出现问题或完成相应工作时裁判员要在其号码布对应的字上打“√”，以说明该选手已做出处理。②说明：号码布中“完赛”字代表已发完赛包；“存”字代表赛前存盛衣袋；“取”字代表赛后领回盛衣袋；如参赛选手沿途收容、犯规、被关门外、上救护车等不再跑的运动员，要在其号码布任何一个地方打上“√”。参赛选手号码布任意一个地方被打上“√”的，应立即停止比赛，不能通过终点，如执意要通过终点的，同样被取消录取资格。

二、裁判员的执裁工作

根据马拉松赛事竞赛组织工作复杂的特点，裁判员要在赛前做好各种工作预案，做到“严肃认真、公正准确、谦虚谨慎、团结协作”，这是保证马拉松比赛取得成功的关键。为了使裁判员在执裁过程中，明确自己的工作权限、职责和协同关系，并按规则和规程要求秉公处理竞赛中的问题，或及时采取措施，保证工作渠道顺利畅通，各裁判组须按照主裁判的分工开展工作，每位裁判员都要清晰了解自己的工作职责和任务，做到各守其位、各尽其职和相互协调。

（一）竞赛主管职责

1. 在大会组委会、竞委会的领导下，全面负责组织、领导检录、起终点、发令、检查、计时、饮料、饮/用水站、收容、赛后控制中心的裁判工作和安排车辆使用以及全体裁判员的裁判工作，配合医务、媒体、交通等做好与竞赛相关的工作，制定《竞赛裁判工作方案》。

2. 根据竞赛规则与规程的要求，处理比赛中发生的重大问题。

3. 检查与督促主裁判、裁判长的工作，及时提出改进意见，确保马拉松竞赛任务的顺利完成。

（二）竞赛主管助理职责

竞赛主管助理要根据裁判工作分工的任务要求管理好自己的工作，工作上要对竞赛主管负责。

1. 竞赛主管助理1：负责监管外场竞赛情况，重点是饮料站、饮/用水站、补给站裁判工作，根据赛道情况有效地安置各站点的位置，处理场外犯规情况，配合医疗救护工作。

2. 竞赛主管助理2：负责管理外场的检查工作，根据赛道情况有效地安排裁判及志愿者的定点岗位，准确安置沿途路标，处理场外犯规情况，配合医疗救护工作，确保赛道畅通、运动员跑进顺利。

3. 竞赛主管助理3：负责管理半程马拉松及迷你马拉松的内场检录、起终点、芯片计时、成绩记录、赛后控制中心等工作，尤其监管半程获奖名次判断，比赛中内场发生问题要签署做出处理意见，签署半程成绩单。工作岗位重点在半程终点处。

4. 竞赛主管助理4：负责管理全程马拉松的内场检录、发令、起终点、芯片计时、成绩记录、赛后控制中心等工作，尤其监管全程获奖名次判断，比赛中内场发生问题要签署做出处理意见，签署全程成绩单。工作岗位重点在全程终点处。

5. 竞赛主管助理5：赛前沿途安放各类标志牌（饮料站牌、饮/用水站牌、公里牌、跑向指示牌、医疗站牌、厕所牌、计时牌、关门牌、折返点牌等）及路口的分道隔离墩，检查器材（饮料站、饮/用水站、补给站的所有器材）的放置情况，加强管理折返、分道隔离的放置工作。赛时沿途重点检查复杂路口标志与隔离墩的安放及关键路口、路段检查员、志愿者的站岗情况（必要时可以调动检查员、志愿者的岗位），确保赛道畅通、运动员跑进顺利。

（三）检录与起点工作职责

检录主裁判负责赛前控制中心工作，组织运动员在起点的准备区（赛道上）检录，并按时把运动员引到起点线集合，要协助发令员在规定时间组织出发。主裁判要保证比赛正常检录，正点出发。

1. 境外特邀男女选手在专门检录区检录，其他外国籍业余男女选手、国内业余男女选手直接在赛道上检录，主裁判在赛前要做好各检录区人员的安排。

赛道上各检录区安排顺序如下：

第一区域为全程马拉松选手。检录排列顺序为：男女特邀选手为第一方阵，外国籍和中国籍业余男女选手为第二方阵。各方阵间距为10米。

第二区域为半程马拉松选手。外国籍和中国籍业余男女选手及情侣跑选手，先到者排在前面。

第三区域为迷你马拉松选手。以团队集体方阵列前，个人排后。先到者排在前面。

2. 检录时境外特邀选手要出示本人护照原件方能给予检录（根据境外特邀选手检录单对照检录）。

3. 裁判和志愿者5：30前务必到达各自工作区域会合。6：00至7：10为选手入场检录时间。全程和半程马拉松检录时，主要是检查参赛选手的号码布（前胸一块号码布，要识别颜色及英文字母，检查有否男戴女号码布、有否半程运动员在全程检录区检录）、计时芯片（正确系在号码布背面）。迷你马拉松检录时选手在胸前系一块号码布即可参加检录。

4. 检录区入口分为三个，即全程检录区入口、半程检录区入口、迷你检录区入口，运动员检录时都要从各自的检录口进入检录区，因此各区域裁判组要派2人在入口检查进入该区的运动员是否是本区的运动员，从号码布上可识别（看前面号码布的标志、标识）。

5. 裁判员在检录完毕后，将运动员引至各自区域的起跑线后集中，并控制好各区运动员（志愿者可手拉手站在起跑线前）。如部分运动员需要继续做准备活动的，检录组裁判要控制其就地做准备活动，务必在7：15前把队伍召回起跑线。

6. 各区裁判和志愿者检录完毕后继续控制好各区方阵队伍，准备配合起点的工作。

7. 司线员于7：10第一拱门区拉起“起点”带，鸣枪前30秒收回“起点”带。

8. 负责人于7：00带领所有迷你终点、半程终点、半程赛后控制中心、半程公告等裁判和志愿者立即到P2停车场乘坐45号车前往迷你终点和半程终点。半程起跑前控制队伍工作及起跑工作由裁判员2人及全程赛后志愿者10人负责。迷你起跑前控制工作由裁判员2人及全程赛后志愿者5人、迷你终点志愿者6人负责。

9. 运动员起跑后，全程马拉松检录主裁判带领全程马拉松的起点、发令、公告、赛后控制中心、兴奋剂检测裁判及志愿者立即到停车场乘车前往全程马拉松终点参与终点、赛后控制中心、兴奋剂检测等裁判工作。（注：起跑后要立即同时行动前往全程终点。）

（四）发令工作方案

发令员与颁奖嘉宾、起点组裁判一起完成发令起跑任务。

1. 发令员应在赛前了解起点周围的环境与情况，保护好发令装备（发令袖、发令枪10支和子弹若干），了解发令枪的性能，以确保发令时不出现哑枪。

2. 发令员6：00到达工作岗位，选择最佳发令位置，检查与清除起点附近的障碍，做好发令前的各项准备工作。

3. 在内场裁判长的指挥下与计时组、先导车辆取得联系，各方面工作准备就绪，等待发令。发令员接到“各就位”的指令即鸣枪（指令或许由发令员喊或许由主持人喊）。

4. 所有运动员跑离起跑区域后，发令员、助理发令员在停车场乘车前往全程终点参与终点组裁判工作。

注：①如果赛会决定由到会嘉宾集体发令时，发令员要为发令嘉宾做好一切准备工作（准备每人一支发令枪，每枪装好一粒子弹，讲解发令枪的要领，统一发令口令、举枪角度与动作，枪交给礼仪小姐等），最后在统一指挥下与领导共同完成鸣枪任务（务必掌握好 7：30 准时鸣枪，发令员给芯片计时鸣枪）。鸣枪后发令员即收回所有发令装置。

②发令前为避免参赛运动员抢跑，可在拱门区起跑线上方拉起一条起跑标志带拦住最前排的运动员，在鸣枪前 30 秒应立即收起起跑标志带。各区域检录主裁判负责控制各自区域的参赛运动员，尽量避免提前起跑、跨区起跑等违规现象发生，运动员听到枪声后出发（起跑后不管任何情况不再召回运动员）。

③发令前 5 分钟、3 分钟、1 分钟，由礼仪小姐在拱门区起跑线前 20 米（主席台正前方）来回走动举牌示意剩余起跑时间（助理发令员要掌握时间，负责指挥礼仪小姐，要在起跑前与会务组联系礼仪小姐事宜）。助理发令员协助主发令员完成发令任务。

（五）终点工作方案

终点组裁判与芯片计时配合，按照竞赛规程要求分别取出各项目规定名次和成绩单。

1. 全程马拉松、半程马拉松男女第一名到达终点时拉起“终点”带（司线员分别从赛后控制中心志愿者中抽调）。

2. 全程马拉松：全程马拉松主裁判为总负责人。1 名主裁判带 1 名志愿者负责判定男运动员名次。1 名主裁判带 1 名志愿者负责判定女运动员名次。2 名裁判员负责判定中国籍男运动员名次。2 名裁判员负责判定中国籍女运动员名次。判定以上名次要与芯片计时核实无误后由赛后控制中心为运动员挂上名次顺序牌。

3. 半程马拉松：半程马拉松主裁判为总负责人。1 名裁判员带 1 名志愿者负责判定男运动员名次。1 名裁判员带 1 名志愿者负责判定女运动员名次。判定以上名次要与芯片计时核实无误后由赛后控制中心为运动员挂上名次顺序牌。

4. 迷你马拉松：不计取名次与成绩。到达终点的运动员每人领取完赛物品。完赛物品或水由迷你终点裁判和志愿者发放，发放完赛物品时，要专人在运动员号码布面上任何一个地方用黑油笔打上“√”，以示该运动员已领取完赛物品，应立即离开场地。

注：①马拉松主裁判负责运动员到达终点时男女分流场地的布置。内场裁判长负责半程运动员到达终点时男女分流场地的布置及全程第一折返点的布置（全程与半程的分流、计时点的位置等）。

②运动员到达终点的名次和成绩以芯片计时为准。

③迷你马拉松检录主裁判协助检查组裁判做好迷你与全程、半程的分流工作。

④记录公告员（全程）要及时在芯片计时处打印全程马拉松男女前 3 名及前 10 名、中国籍男女前 24 名成绩单，一式 4 份，由终点主裁判、竞赛主管、终点技术官员签字后，一份交给颁奖组，一份交给竞赛主管，一份交给媒体（公告），一份留底备查。

⑤记录公告员（半程）要及时在芯片计时处打印半程马拉松男女前 3 名及前 24 名、情侣马拉松前 3 队及前 24 队成绩单，一式 4 份，由终点主裁判、内场裁判长、终点技术官员签字后，一份交给颁奖组，一份交给媒体（公告），一份交给竞赛主管，一份留底备查。

⑥留底备查各类成绩单赛后统一由记录公告员带回交给竞赛主管。

（六）芯片计时工作方案

1. 采取枪声计时，一枪发令各项目同时起跑。分别计取全程马拉松男女选手前 10 名、中国籍男女选手前 24 名及半程马拉松男女选手前 24 名的成绩，给予公告与颁奖，以及计取按规定时间跑完全程马拉松及半程马拉松选手的枪声计时、净计时及分段计时成绩及名次，给予上报（赛后 48 小时内按中国田径协会格式要求报送）。

2. 计时点的设置：从起点开始每 5 公里处（至 40 公里）及远端 3 个折返点都安置计时点，全程马拉松运动员沿途要通过 11 个计时点，半程马拉松运动员沿途通过 5 个计时点（5 公里、10 公里、15 公里、20 公里及一个折返点）。沿途 5 公里、10 公里、15 公里为 6 米宽地毯，20 公里、25 公里、30 公里、35 公里、

40 公里为 4 米宽地毯，远端第一折返点安置 4 米地毯，第二折返点安置 2 米地毯，第三折返点为 2 米地毯。起点 12 米宽地毯，全程终点 8 米宽地毯（男女分道冲刺），半程终点 6 米宽地毯（男女分道冲刺）。

3. 时间显示器的设置：沿途每 5 公里处（至 40 公里）都安置时间显示器作为关门的依据。

4. 摄像设置：沿途每 5 公里（至 40 公里）计时点及 3 个折返点都设有摄像，作为检查裁判关门后的裁决依据。

5. 赛前协助工作人员做好报到时芯片的发放工作。芯片为一次性芯片。

6. 赛前为特邀男女运动员提供检录服务。

7. 提供犯规嫌疑运动员成绩排查服务，判断犯规嫌疑运动员标准为：

（1）终点、分段点、折返点中任何一个点没有时间记录的。

（2）两人或两人以上在任何计时点的时间都非常接近（各计时点时间相差在 0.1 秒以内）。

（3）分段区间的成绩明显不合理。

8. 确定并提供获奖名次。

（1）全程马拉松终点处男女运动员分道冲刺（每道 4 米），运动员到达终点时要及时分别取出男女选手前 10 名和中国籍男女选手前 24 名成绩单给予公告。

（2）半程马拉松终点处男女运动员分道冲刺（每道 3 米），运动员到达终点时要及时分别取出男女选手前 24 名成绩单给予公告。

（3）及时打印出各项目男女前 3 名（含情侣跑前 3 队）选手的成绩与名次给予颁奖。

（4）沿途关门点关门后即可结束该点计时与摄像工作。

（七）检查裁判工作方案

指挥运动员在规定路线上跑进，顺利通过各分流点、折返点、计时地毯点及复杂路口点，检查和处理运动员沿途违反规则的行为，还应对比赛中需要帮助的运动员提供帮助，协助维持比赛秩序。

1. 检查整体工作由检查主裁判负责安排。

2. 各裁判员上岗时要带上《运动员沿途犯规记录表》（每人 2 份）、笔等（主要路口的裁判或志愿者要带上红旗，便于指挥）。

3. 裁判和志愿者5：30前务必到达起点停车场会合。

4. 各裁判组工作安排。

（1）1组裁判与志愿者安排。

裁判与志愿者会合后乘16号、17号大巴车上赛道（16号、17号大巴车5：30前在起点P2停车场等候）。行程路线为起点到18公里点，全程18公里。

注：①加强安排分流跑地点的指挥与管理，专门安排1名裁判和2名志愿者指挥分流。②在转弯处和十字路口处要专门安排1名裁判和1名志愿者指挥。③1名裁判与4名志愿者在折返点处指挥折返跑。④在赛道中间绿化带封闭不严密的地点要做到100米站1名志愿者及400米站1名裁判。裁判与志愿者统一站在中间绿化隔离带边上。

裁判和志愿者安置完后，16号、17号大巴车返回到起点停车场等候，运动员起跑后这2辆车便跟随最后一名运动员行进，收回沿途完成检查工作的裁判和志愿者到起点。

（2）2组裁判与志愿者安排。

裁判与志愿者会合后乘18号大巴车上赛道（18号大巴车5：30前在起点P2停车场等候）。行程路线为18公里点至24公里点，全程6公里。

注：①19公里至半程终点路中间只有隔离墩隔离，这2公里要加强人员站岗的密度。②20.7公里处是全程折返点，即半程运动员沿当前直道跑，全程运动员折返。折返点的分流要专人指挥，如半程有赛会车辆跟随时也要专人指挥进入右侧停车场。

裁判和志愿者安置完后，18号大巴车返回到19公里处指定地点等候，当最后一名运动员通过后便跟随最后一名运动员行进，收回沿途完成检查工作的裁判和志愿者到起点。

（3）3组裁判与志愿者安排。

裁判与志愿者会合后乘19号大巴车上赛道（19号大巴车5：30前在起点P2停车场等候）。行程路线为24公里点至32公里点，全程8公里。

裁判和志愿者安置完后，19号大巴车返回到24公里点等候，当最后一名运动员通过后便跟随最后一名运动员行进，收回沿途完成检查工作的裁判和志愿者到起点（要选择好返回起点的路线）。

（4）4 组裁判与志愿者安排。

裁判与志愿者会合后乘 20 号大巴车上赛道（20 号大巴车 5：30 前在起点 P2 停车场等候）。行程路线为 32 公里点至终点，全程 10. 195 公里。

注：安排专门裁判和志愿者负责管理终点前男女运动员的分流、终点前的车辆与运动员分流。

裁判和志愿者安置完后，20 号大巴车返回到 32 公里点等候，当最后一名运动员通过后跟随最后一名运动员行进，收回沿途完成检查工作的裁判和志愿者到终点。

5. 裁判长工作安排。

（1）4 组裁判长负责跟随全程男子最前集团运动员直至终点，当第一名通过 25 公里后（大约 8：30），每公里都要向总指挥部报告，当第一名运动员到达终点后，主要在全程 30 公里至终点路段流动检查。

（2）3 组裁判长负责跟随全程女子最前集团运动员直至终点，当第一名通过 25 公里后（大约 9：00），每公里都要向总指挥部报告，当第一名运动员到达终点后，主要在全程 30 公里至终点路段流动检查。

（3）2 组裁判长负责跟随半程男子最前集团运动员直至终点，当第一名通过 18 公里后（大约 30 分钟，御海路口开始），每公里都要向总指挥部报告，当第一名到达终点后，继续在半程 18 公里至终点路段流动检查。

（4）1 组裁判长负责跟随半程女子最前集团运动员直至终点，当第一名通过 17 公里后（大约 30 分钟），每公里都要向总指挥部报告，当第一名运动员到达半程终点后，继续在半程 17 公里至终点路段流动检查。

注：①各裁判长报告话术为：报告总指挥部，全程马拉松男子第一名已通过 25 公里，第一集团的号码是……，报告完毕。②半程结束后外场裁判长 2 组跟随全程男子最后一名运动员直至终点，外场裁判长 1 组跟随全程女子最后一名运动员直至终点（随时报告全程男女最后一名运动员通过的公里数）。

6. 工作要求。

（1）大巴车主要是沿途收回完赛的裁判员和志愿者（含其他组的裁判员及志愿者），如半途有运动员收容上车，检查裁判一定要在运动员胸前的号码布任意一个地方上打“√”。这 5 辆大巴车每辆车都要安排有一名志愿者或一名裁判员进行管理，这些志愿者或裁判员要明确本车辆行驶的路线、停车位置与任务。

（2）沿途根据赛道情况安排志愿者定位站岗，裁判员重点安排在复杂的交叉道口、转弯处、分道处、折返点处的岗位。所有裁判员和志愿者都要有分管主裁判的电话号码，有事随时联系其主裁判。

（3）裁判员与志愿者要指挥运动员沿规定路线跑进，如发现运动员不按规定路线跑的要及时纠正与阻止，不听劝阻的要在其号码布上打“√”或用手机拍下其号码。裁判员或志愿者如发现运动员出现昏迷或倒地或求助时，第一时间要拨打“120”并报告自己所在的位置及出现的情况。运动员上了救护车后在场的裁判员要在运动员胸前的号码布上打“√”或用手机拍下其号码。定位裁判员和志愿者要坚守岗位，直至自己本人管辖区内的所有运动员全部通过后方能结束工作。

（4）主裁判应负责监控全赛道及定位检查裁判员的管理工作，要不时地沿途对交叉道口、分道处、转弯处、折返点等易发生问题的区域进行巡视，专人关注领先集团的号码、名次，沿途根据检查裁判员递交的报告，及时做出处理意见（外场裁判长可授权主裁判做出处理意见）。

（5）检查裁判员，应仔细观察运动员是否有以下犯规现象：

①不按规定的路线跑进；

②无故离开比赛路线；

③退出比赛后，又重新参加比赛；

④故意侵害或影响他人，如推、拉、挤、撞以及阻挡等现象；

⑤接受未经大会认可的饮料及食物等。

注：裁判员做到已被处理的或上救护车的或上收容车的运动员必须在其号码布上打“√”或用手机拍下其号码。比赛结束后裁判员和志愿者手中的红旗、收取的号码布交给主裁判。

（八）饮料站、饮/用水站、补给站裁判工作方案

按照竞赛要求设置饮料站、饮/用水站、补给站，保证大会饮料、饮/用水及补给的数量并及时供给。对饮料、饮水用完的纸杯、水瓶和用后的海绵块，及时收集并投放于“垃圾箱”内；还应对比赛中需要帮助的运动员提供帮助，协助处理和联系在管辖区域内参赛选手的医疗急救工作。

饮料站（补给站）	饮/用水站（补给站）
5 公里	7.5 公里
10 公里	12.5 公里
15 公里	17.5 公里
20 公里	22.5 公里
25 公里	27.5 公里
30 公里	32.5 公里
35 公里	37.5 公里
40 公里	

1. 裁判和志愿者5：30 前务必到达起点指定停车场，全体裁判与志愿者会合后按规定的车号乘车前往各自站点。车辆安排与各站人员乘车对应表如下所示（车号和数量仅供参考）。

车辆编号	1 号	2 号	3 号	4 号、5 号	6 号	7 号、8 号	9 号	10 号	11 号	
饮料站	5 公里		10 公里		15 公里含补给	20 公里	25 公里	30 公里	35 公里含补给	40 公里含补给
饮/用水站		7.5 公里		12.5 公里 17.5 公里		22.5 公里含补给	27.5 公里含补给	32.5 公里含补给		37.5 公里含补给
人数/人	60	55	55	45 + 35 = 80	60	40 + 33 = 73	30 + 30 = 60	25 + 30 = 55	30 + 18 + 28 = 76	

注：5：30 以上车辆将饮料站、饮/用水站、补给站的裁判和志愿者送到各个站点后，部分车辆可以作为收容车由收容组裁判安排工作。安排 3 ~ 5 辆车返回起点停车场，待运动员起跑后跟随最后一名运动员出发，将沿途完成饮料站、饮/用水站工作的裁判和志愿者（含其他完成比赛任务裁判组的裁判和志愿者）收回起点。

2. 自备饮料的管理。由负责裁判员于11日19：00收集自备饮料后全封闭锁在指定车里，该车始终由该裁判员管理，确保没有任何无关人员接触到自备饮料。

注：收集运动员的自备饮料务必封闭保管好，并按公里做好标志，以便次日准确安放饮料。自备饮料车要多装矿泉水100箱，以作为后程各饮/用水站缺水时立即给予补充（各饮料站、饮/用水站主裁判要有自备饮料车裁判的联系方式，一旦某站缺水立即通知其送水）。

3. 最后一名运动员通过本站后裁判员和志愿者便上大会指定的大巴车回到起点或自行返回。除了主裁判外，各站组长要对本站的工作负总责（本站的裁判或志愿者要离开本站必须向该组长报告，取得同意后方能离开）。

4. 各站点所需人员及物品分配。

（1）饮料站人员及物品分配（本分配表是按照全程马拉松5000人、半程马拉松5000人、迷你马拉松10000人标准拟定）。

<table>
<tr><th>里程（公里）</th><th>站点</th><th>桌子（张）</th><th>饮料（瓶）</th><th>矿泉水（瓶）</th><th>纸杯（个）</th><th>垃圾池（个）</th><th>裁判员（人）</th><th>志愿者（人）</th></tr>
<tr><td rowspan="2">5</td><td rowspan="2">第一饮料站</td><td>蓝8</td><td>5000</td><td></td><td rowspan="2">15000</td><td rowspan="2">8</td><td rowspan="2">3</td><td rowspan="2">60</td></tr>
<tr><td>白20</td><td></td><td>6000</td></tr>
<tr><td rowspan="3">10</td><td rowspan="3">第二饮料站</td><td>红2</td><td></td><td></td><td></td><td rowspan="3">8</td><td rowspan="3">3</td><td rowspan="3">55</td></tr>
<tr><td>蓝8</td><td>5000</td><td></td><td rowspan="2">12000</td></tr>
<tr><td>白15</td><td></td><td>5000</td></tr>
<tr><td rowspan="3">15</td><td rowspan="3">第三饮料站</td><td>红2</td><td></td><td></td><td></td><td rowspan="3">7</td><td rowspan="3">3</td><td rowspan="3">50</td></tr>
<tr><td>蓝7</td><td>4000</td><td></td><td rowspan="2">12000</td></tr>
<tr><td>白13</td><td></td><td>5000</td></tr>
<tr><td rowspan="3">20</td><td rowspan="3">第四饮料站</td><td>红2</td><td></td><td></td><td></td><td rowspan="3">6</td><td rowspan="3">3</td><td rowspan="3">40</td></tr>
<tr><td>蓝5</td><td>4000</td><td></td><td rowspan="2">10000</td></tr>
<tr><td>白10</td><td></td><td>5000</td></tr>
</table>

续表

里程（公里）	站点	桌子（张）	饮料（瓶）	矿泉水（瓶）	纸杯（个）	垃圾池（个）	裁判员（人）	志愿者（人）
25	第五饮料站	红 2				4	3	30
		蓝 4	2000		5000			
		白 6		4000				
30	第六饮料站	红 2				3	2	25
		蓝 3	2000		5000			
		白 5		4000				
35	第七饮料站	红 2				3	2	22
		蓝 3	2000		4000			
		白 4		4000				
40	第八饮料站	蓝 2	2000		4000	2	1	12
		白 3		4000				
统计	8 站	白 76 蓝 40 红 12	26000	37000	67000	41	20	294

（2）饮/用水站人员及物品分配。

里程（公里）	站点	桌子（张）	矿泉水（瓶）	矿泉水（桶）	海绵块（块）	大面盆（个）	纸杯（个）	垃圾池（个）	裁判员（人）	志愿者（人）
7.5	第一饮/用水站	白 20	5000				15000	8	3	55
		黄 5		10	8000	5				
12.5	第二饮/用水站	白 15	5000				12000	6	3	45
		黄 6		12	10000	6				

续表

里程（公里）	站点	桌子（张）	矿泉水（瓶）	矿泉水（桶）	海绵块（块）	大面盆（个）	纸杯（个）	垃圾池（个）	裁判员（人）	志愿者（人）
17.5	第三饮/用水站	白 10	5000				10000	5	3	35
		黄 6		12	10000	6				
22.5	第四饮/用水站	白 6	4000				5000	4	3	25
		黄 5		10	4000	5				
27.5	第五饮/用水站	白 5	4000				5000	3	2	22
		黄 4		8	4000	4				
32.5	第六饮/用水站	白 5	4000				5000	3	2	18
		黄 4		8	4000	4				
37.5	第七饮/用水站	白 5	4000				4000	2	2	20
		黄 4		4	4000	2				
统计	7 站	白 66 黄 34	31000	64	44000	32	56000	31	18	220

（3）补给站人员及物品分配。

里程（公里）	站点	桌子（张）	矿泉水（瓶）	矿泉水（桶）	大铁盘（个）	大面盆（个）	垃圾池（个）	裁判员（人）	志愿者（人）
15	第一补给站	绿 4 白 1	1000	2	8	1	1	1	10
22.5	第二补给站	绿 3 白 1	1000	2	8	1	1	1	8
27.5	第三补给站	绿 3 白 1	1000	2	8	1	1	1	8

续表

里程（公里）	站点	桌子（张）	矿泉水（瓶）	矿泉水（桶）	大铁盘（个）	大面盆（个）	垃圾池（个）	裁判员（人）	志愿者（人）
32.5	第四补给站	绿 3 白 1	1000	2	8	1	1	1	8
35	第五补给站	绿 3 白 1	1000	2	8	1	1	1	8
37.5	第六补给站	绿 3 白 1	1000	2	8	1	1	1	8
40	第七补给站	绿 2 白 1	1000	2	4	1	1	1	6
统计	7 站	绿 21 白 7	7000	14	52	7	7	7	56

5. 各站桌子安放示意图。

饮料站→ [红色 自备饮料] 10 米 [蓝色 饮料] 10 米 [白色 矿泉水] 10 米 [绿色 补给食品]

饮/用水站→ [白色 矿泉水] 10 米 [黄色 海绵块] 10 米 [绿色 补给食品]

补给站→ [绿色 香蕉] 10 米 [绿色 巧克力] 10 米 [绿色 圣女果] 10 米 [绿色 功能饮料] [白色 矿泉水]

(1) 左幅跑的赛道，各站桌子一律摆在赛道的左侧路边，右幅跑的赛道，各站桌子一律摆在赛道的右侧路边，尽量在直道上摆，避免摆在转弯处、上下坡处、路口处。

(2) 一瓶矿泉水可倒 2～3 杯水，如矿泉水有小瓶装，建议 5 公里、7.5 公里、10 公里不用纸杯，直接供瓶装水（事先尽快打开所有的瓶盖）。饮料始终使用纸杯供应。

(3) 红色桌面安放自备饮料，蓝色桌面安放大会功能饮料，白色桌面安放大会饮水（矿泉水），黄色桌面安放大会用水（海绵块），绿色桌面安放补给食品，每桌间距10米。

(4) 红色桌的自备饮料属于个人专用饮料，他人不得取用。

(5) 补给站桌子接在规定的饮料站或饮/用水站桌子的后面（补给站设在15公里、22.5公里、27.5公里、32.5公里、35公里、37.5公里、40公里处）。

(6) 主裁判要分站管理，要始终在站点前指挥、监督及处理站点的供应工作，赛道段没有结束不能离开岗位。

注：沿途每饮料站各功能点的排列顺序：计时点、饮料站、补给站、医疗救护、厕所、喷淋。沿途每饮/用水站各功能点的排列顺序：饮/用水站、补给站、医疗救护、厕所、喷淋。

(九) 关门点工作方案

沿途设6个关门点。关门点将未按规定时间跑到该点的运动员收容上车。

沿途关门点安排：

第一关门点10公里处，1名裁判员与3名志愿者。

第二关门点15公里处，1名裁判员与3名志愿者。

第三关门点20公里处，1名裁判员与3名志愿者。

第四关门点25公里处，1名裁判员与3名志愿者。

第五关门点30公里处，1名裁判员与3名志愿者。

第六关门点35公里处，1名裁判员与3名志愿者。

1. 关门点裁判员负责运动员的关门工作（男女关门时间一样），关门时间到后将“关门标志牌”摆放赛道路中间，以示关门。运动员上收容车后，裁判员要在号码布任何一个地方上打“√”，按“关门表”做好登记。

2. 如被关在门外的运动员不配合裁判工作，裁判员必须用手机拍下运动员及号码，后与主裁判联系，同时做好记录。

3. 各关门点时间以计时显示器为准以示关门。

沿途关门距离和时间

项目距离		地点	时限	指定完成时间
半程马拉松	10 公里	地点名称或具体位置	1：35	9：05
	15 公里	地点名称或具体位置	2：20	9：50
	20 公里	地点名称或具体位置	3：00	10：30
全程马拉松	25 公里	地点名称或具体位置	3：40	11：10
	30 公里	地点名称或具体位置	4：25	11：55
	35 公里	地点名称或具体位置	5：10	12：40

注：①裁判员和志愿者11日5：30在起点P2停车场按以下规定车号上车前往自己的岗位：10公里乘23号车、15公里乘26号车、20公里乘27号或28号车、25公里乘47号车、30公里乘48号车、35公里乘49号车。②关门点的裁判员和志愿者要带上粗笔。③主裁判在指挥、检查岗位的同时协助检查组沿途检查工作。

（十）编排记录公告（总记录）工作方案

制订各种竞赛表格，为裁判员发放文具用品，宣布成绩公告，单独列出各类颁奖运动员的成绩单，协调与其他裁判组的工作联系。

记录公告负责人：

全程记录公告主裁判：

半程记录公告主裁判：

1. 收集有关犯规表、全程终点、半程终点、三个折返点摄像机等以备待查。

2. 全程马拉松：在芯片计时处打印男女前3名、男女前10名和中国籍男女前3名、男女前10名的成绩与名次，此成绩单一式4份交终点主裁判、竞赛主管、终点技术官员签字后，一份留底，一份交颁奖组，一份交媒体（公告），一份交竞赛主管。全程记录公告主裁判负责。

3. 半程马拉松：在芯片计时处打印男女前3名、男女前10名和情侣组前3对及前10对的成绩与名次，此成绩单一式4份交终点主裁判、内场裁判长、终点技术官员签字后，一份留底，一份交颁奖组，一份交媒体（公告），一份交竞赛主管。半程记录公告主裁判负责。

注：半程男女前3名运动员就地半程终点处进行颁奖。由组委会领导、裁判长、公告员与颁奖组工作人员共同完成颁奖工作。

4. 协助检录组、发令组、起终点组、赛后控制中心等裁判组工作。

5. 准备以下小件器材发放给各裁判组。(1) 发令组：发令枪、子弹、发令袖、颁奖盘及红布。(2) 起点组：起点带。(3) 全程终点组：夹子、颁奖名次记录表、终点带、手举名次牌（1－10）×2、（1－24）×2。半程终点组：终点带、夹子、颁奖名次记录表、手举名次牌（1－24）×3。(4) 检查组：红旗、犯规记录表。(5) 全程赛后控制中心组：颁奖名次记录表、夹子、全程男子前10名名次牌、全程女子前10名名次牌、全程中国籍男子前10名名次牌、全程中国籍女子前10名名次牌。半程赛后控制中心组：颁奖名次记录表、夹子、半程男子前10名名次牌、半程女子前10名名次牌、半程情侣跑前10对名次牌。(6) 补给站：塑料透明手套。饮料站、饮/用水站：棉手套。(7) 自备饮料专用表、剪刀、透明胶布、塑料桶、彩色粗笔。(8) 全程8辆、半程10辆存衣车存衣号码牌。(9) 54321倒计时牌。(10) 粗黑笔：全程存衣、半程存衣、全程完赛、半程完赛、迷你完赛、关门。

注：以芯片计时系统计取的名次与成绩为准录取。器材数量以实际比赛情况为准。

（十一）赛后区域工作方案（赛后控制中心、完赛包发放、兴奋剂检测）

为全程马拉松男女前10名和中国籍男女前10名及半程马拉松男女前10名的运动员挂上名次牌，各组前3名运动员带到赛后控制中心休息室集中等候颁奖，协助兴奋剂检测组工作，协助媒体新闻采访，及时引导疏散按规定时间到达终点的运动员，协助发放完赛纪念品。

全程马拉松赛后控制中心主裁判：

裁判员：

志愿者：22人

半程马拉松赛后控制中心主裁判：

裁判员：

志愿者：16人

全程完赛包发放主裁判：

裁判员：

志愿者：12 人

半程完赛包发放主裁判：

裁判员：

志愿者：12 人

全程兴奋剂检测助理裁判：

志愿者：1 人

1. 赛后控制中心工作。

（1）主裁判在赛前对裁判员和志愿者进行分工，熟悉周围环境与布置场地。

（2）为全程马拉松男女前 10 名、全程马拉松中国籍男女前 10 名、半程马拉松男女前 10 名的运动员到达终点后按顺序依次挂上名次顺序牌，并将前 3 名运动员由专人带到赛后控制中心休息室交给管理裁判。全程马拉松男女第一名的运动员即带到媒体采访区进行采访（如果有）后才带到赛后控制中心休息室。

（3）半程男女前 3 名运动员就地半程终点接受颁奖。由组委会领导、裁判长、公告员与颁奖组工作人员共同完成颁奖工作。

注：挂牌方法。全程：6 名志愿者分别负责前 10 名男女运动员挂牌（1 名裁判员负责前 10 名男运动员，1 名志愿者记录；1 名裁判员负责前 10 名女运动员，1 名志愿者记录），6 名志愿者分别负责中国籍前 10 名男女运动员挂牌（1 名裁判员负责前 10 名男运动员，1 名志愿者记录；1 名裁判员负责前 10 名女运动员，1 名志愿者记录），10 人专门引导（重点要专人带男女前 3 名到颁奖运动员休息室等候颁奖）。

半程：12 名志愿者分别负责前 10 名男女运动员挂牌（1 名裁判员负责前 10 名男运动员，1 名志愿者记录；1 名裁判员负责前 10 名女运动员，1 名志愿者记录），4 人专门引导（重点要专人带男女前 3 名到颁奖运动员休息室等候颁奖）。

（4）各组获奖运动员都到达终点后，主裁判可随时调整裁判和志愿者协助完赛包的发放工作。

注：如运动员到达终点后在计时上有异议，而运动员又有辩解，就不急于发放完赛包，主裁判先到芯片计时处核实该运动员是否在沿途规定的计时点都有成绩（半程 5 个计时点，设在 5 公里、10 公里、15 公里、折返点、20 公里。全程

11个计时点，设在5公里、10公里、15公里、折返点、20公里、折返点、25公里、30公里、折返点、35公里、40公里），各计时点及折返点的录像都有否通过，情况核实后全程报给竞赛主管来处理，半程报给内场裁判长来处理。

（5）迷你马拉松到达终点不计取名次与成绩，给运动员每人发放终点物品，要尽快疏散运动员。

（6）比赛开始后全程兴奋剂检测助理裁判带1名志愿者到兴奋剂检测中心报到（全程马拉松终点处找“兴奋剂检测中心”），其工作由兴奋剂检测人员安排，要积极配合好兴奋剂检测人员工作。根据兴奋剂检测人员的需要，到运动员休息室把运动员带到兴奋剂检测室交给检测人员。兴奋剂检测室备有桌子2张、椅子10张、矿泉水2箱、橙汁饮料2箱、卫生纸、冰箱及专门一个移动厕所，如没有兴奋剂检测则由赛后控制中心安排工作。

（7）除发放完赛包的裁判和志愿者外，所有裁判和志愿者赛前由检录组安排检录工作。

2. 发放完赛包工作。

（1）5：30全程完赛包发放主裁判、裁判员带12名志愿者乘大巴车前往全程终点接收完赛包及食品。半程完赛包发放主裁判、裁判员带12名志愿者乘27号或28号大巴车前往半程终点接收完赛包及食品。每个完赛包内装有：纪念章1……

（2）到达终点找到完赛包领取处后，立即安排裁判员及志愿者的岗位，接收送来的完赛包并尽快组织装包、布置场地工作。

（3）发放完赛包时，在号码布“完赛”字上打“√”，以示该运动员已领取过完赛包，后引导尽快离开场地。

注：如运动员胸前号码布的任何位置有打“√”的，说明该运动员有犯规，或已收容，或上救护车，或放弃比赛，或没按规定时间到达计时点，不能领取完赛包。

（十二）衣物寄存工作方案

参赛运动员衣物寄存、领取的管理与服务。

全程马拉松主裁判：

裁判员：

志愿者：34 人

半程马拉松主裁判：

裁判员：

志愿者：40 人

存衣时间、地点、关门时间

比赛项目	车辆	存衣时间	存衣地点	衣物领取地点	衣物领取截止时间
全程马拉松	8	12 日 6：00—7：10		全程终点	12 日 15：00
半程马拉松	10			半程终点	12 日 12：00
迷你马拉松不提供存衣服务，衣物由参赛选手自己携带。					

1. 裁判和志愿者务必在 5：30 前到达起点存衣车停放点，并尽快找到自己管理的存衣车。车辆按以下顺序排列：全程马拉松存衣车 8 辆，由全程马拉松衣物寄存主裁判负责；半程马拉松存衣车 8 辆，由半程马拉松衣物寄存主裁判负责。注：指定 1 名裁判员带 2 名志愿者专门负责特邀选手衣物的寄存。

2. 每辆车 1 名裁判和 3 名志愿者管理，每辆车可安放 600 个盛衣袋（安放时要按编号顺序安放，赛后方便领取）。大会只提供全程与半程马拉松选手寄存带有小号码布的盛衣袋，其他的行李袋大会不予保存。寄存工作结束后（7：10 止）立即带存衣车前往各自终点，到终点后各车要尽快重新调整车上盛衣袋安放的编号顺序，等待运动员的领取。

3. 运动员存盛衣袋时，要检查盛衣袋有否小号码布，没有小号码布的盛衣袋不能保存。运动员不能代替领取盛衣袋。运动员领取盛衣袋时身上号码必须与盛衣袋小号码布的号码一致，并在号码布“取”字上打“√”，以示已取回盛衣袋。运动员领取盛衣袋时工作人员要收回盛衣袋上的小号码布。

4. 在衣物领取截止时间内如还有盛衣袋，则该车裁判和志愿者不能离开，到截止时间后各车将剩余的盛衣袋带回交竞赛部。

(十三) 场地器材及车辆管理工作方案

场地器材主裁判:

裁判员:

1. 标志牌安放工作。

(1) 熟悉赛道起点、终点、每公里点、沿途计时点、沿途厕所点、饮料站点、饮/用水站点、补给点、转弯处、折返点、分流道的布置与安排。

(2) 左幅跑的赛道,标志牌一律摆在赛道的左侧路边;右幅跑的赛道,标志牌一律摆在赛道的右侧路边。除公里标志牌外,其他标志牌尽量在直道上摆,避免摆在转弯处、上下坡处、路口处。

(3) 各站点牌摆放的顺序。饮料站:计时点、饮料站(含补给站)、医疗站、厕所、喷淋(每站间隔30米)。饮/用水站:饮/用水站(含补给站)、医疗站、厕所、喷淋(每站间隔30米)。

(4) 当日4:30从起点开始沿途安放各点标志牌、路段隔离墩、复杂路口与分流道的隔离,一定要确保沿途路标安放位置的准确性以及复杂路口、转弯处、分流道、计时点隔离墩的安放等。注:可考虑4:30先安放顺车道的赛道,交通戒严后再安放逆车道的赛道。

(5) 11日全部集中沿途所有的标志牌、隔离墩,并按安放的顺序装车(指导运输人员装车)。

注:①封路后,主裁判要全程再次检查标志牌的安放情况,尤其大路口的隔离墩的安放及沿途指示牌的安放情况,确保这些标志牌安放准确、清楚、无误。②放完标志牌后要交代好司机跟随最后一名运动员沿途收回所有标志牌。

2. 器材运输工作。

(1) 11日指导物流公司人员按饮料站及饮/用水站的公里点装车,研究确定次日运输车辆出行的时间与路线、器材到达各点卸车后其车辆停放的位置及等待赛后回收器材等工作。注:器材到达各点卸车后要留有人值班看守直到该组裁判员的到来。

(2) 主裁判在引导安放沿途标志牌的同时要检查器材落点安放的情况(可以分工指导)。

3. 竞赛车辆安排。

根据赛事需要安排各类车辆的使用，每辆车都必须安排固定司机，司机要熟悉赛道（至少要熟悉每5公里点及终点），要服从用车裁判的指挥，要明确任务与要求，做到准时到位，准时出车，文明礼貌，服务周全，安全行驶。未经主管裁判同意任何人都不能在任何时候动用车辆。

(1) 要根据各裁判组、个人用车的时间安排好1~52号车辆，向司机讲清楚停车地点、发车时间、行驶路线、该车任务等（11号下午全体司机培训，地点另定）。

(2) 11号下午要指导各类车辆贴好编号（贴在前后镜上右角）、功能贴（贴在车身两边）、竞赛车辆牌（放在前镜左下角），晚上所有大巴车、器材车都在P2停车场按序号排列停车过夜。

(3) 12号上午5：00必须临场检查车辆到位情况，引导各裁判组裁判和志愿者上车，直到所有车辆全部离开。

(4) 附竞赛车辆任务表。

编号	车辆	车型	数量/辆	任务与要求	用车人
1	技术代表	小轿车	1	沿途指挥和检查工作	
2~4	技术官员	小轿车	3	全面、检查、饮料3人沿途检查工作	
5	竞赛主管	小轿车	1	沿途执法，检查工作，处理疑难问题	
6~8	赛事主管助理	小轿车	3	沿途执法，检查工作，处理疑难问题，检查安放赛道沿途标志物等	
9~12	检查主裁判	小轿车	4	沿途巡回检查，处理沿途事故、犯规等情况	
13~14	饮料主裁判	小轿车	2	沿途检查，管理饮料站工作	
15	用水主裁判	小轿车	1	沿途检查，管理饮/用水站、补给站工作	

续表

编号	车辆	车型	数量/辆	任务与要求	用车人
16 ~ 20	检查裁判车	大巴车	5	定点裁判和定点志愿者运输安放到位及回收	
21 ~ 28	收容车	大巴车	8	赛前送饮料、饮/用水站、补给站裁判和志愿者到岗位，后进行“关门”收容及流动收容工作	
29 ~ 36	全程存衣车	大巴车	8	赛前、赛后盛衣袋的管理	
37 ~ 44	半程存衣车	大巴车	8	赛前、赛后盛衣袋的管理	
45 ~ 46	输送车	大巴车	2	运动员起跑后分别将全程和半程终点、赛后控制中心裁判和志愿者输送到各自终点，赛后又将原送的裁判和志愿者送回起点	
47 ~ 49		大巴车	3	接送饮料站、饮/用水站裁判和志愿者	
50	自备饮料车	封闭小货车	1	按运动员填写的“自备饮料放置表”中标明的里程安放饮料。备有 100 箱矿泉水为赛中各站缺水时给予补充	
51 ~ 52	计时车	越野车	2	出发前离起点约 70 米距离等候，沿途为全程男子和女子引导跑进路线	
53 ~ 55	芯片运输器材车	小货车	3	运输全程终点、半程终点、各分段计时点的芯片器材	
56 ~ 57	标志牌输送车	货车	2	沿途标志牌安放及回收	
58 ~	器材输送车	货车	若干	运输器材	
车辆归总：越野车 2 辆、小轿车 15 辆、大巴车 34 辆、封闭小货车 1 辆、小货车 3 辆、货车若干。					

（十四）收容工作方案

在比赛中放弃比赛者或被“关门”而停止比赛者，还有因犯规被取消比赛资格者，都应上收容车，由负责收容的裁判员进行登记，并在胸前号码布任意一个地方上打“√”。赛前将饮料站、饮/用水站、补给站裁判和志愿者送到各自岗位。

主裁判：

裁判员：

志愿者：16 人

1. 裁判、志愿者务必在5：30 前到达起点，在停车场按事先主裁判安排的管理车辆上车，与饮料站、饮/用水站、补给站的全体裁判员和志愿者一起按以下规定的车号乘车前往各站点。

注：21 ~28 号车务必在5：30 前到达起点停车场等候。

车辆安排与各站人员乘车对应表

车辆号	21 号	22 号	23 号	24 号、25 号	26 号	27 号、28 号	47 号	48 号	49 号	
饮料站	5 公里		10 公里		15 公里含补给	20 公里	25 公里	30 公里	35 公里含补给	40 公里含补给
饮/用水站		7.5 公里		12.5 公里 17.5 公里		22.5 公里含补给	27.5 公里含补给	32.5 公里含补给		37.5 公里含补给
人数/人	60	55	55	45 +35 =80	60	40 +33 =73	30 +30 =60	25 +30 =55	30 +18 +28 =76	

注：47 号、48 号、49 号车为输送车，不属收容组管理。

2. 车运行方案示例。

（1）把饮料站、饮/用水站、补给站裁判和志愿者送到各自岗位后，21 号车返回起点停车场等候。起跑后便跟随最后一名运动员前行，收集沿途弃赛的运动员，先到半程终点将收容的半程运动员放下，然后再到全程终点。

（2）其他车辆全部集中在6公里点附近合适位置，按车辆号码顺序22～28号呈“一”字形靠右排列等候队伍的到来。当第一名运动员通过此路口15分钟后，22号、23号车便保持15分钟间隔的状态慢速度在赛道上向前开进，收集沿途弃赛的运动员，先到半程终点将收容的半程运动员放下，然后再到全程终点。

（3）24～28号车同样按照顺序出发，保持每车之间15分钟的间隔状态向前开进。24号车开到15公里点时就留在该点作为定点收容车，务必在9：40前到达该点，最后把收容上车的运动员送到半程、全程终点，开始收容时间9：50。

（4）25号车开到20公里点时就留在该点作为定点收容车，务必在10：10前到达该点，最后把收容上车的运动员送到半程、全程终点，开始收容时间10：30。

（5）26号车开到25公里点时就留在该点作为定点收容车，务必在11：00前到达该点，最后把收容上车的运动员送到全程终点，开始收容时间11：10。

（6）27号车开到30公里点时就留在该点作为定点收容车，务必在11：40前到达该点，最后把收容上车的运动员送到全程终点，开始收容时间11：55。

（7）28号车开到35公里点时就留在该点作为定点收容车，务必在12：20前到达该点，最后把收容上车的运动员送到全程终点，开始收容时间12：40。

注：①最后的结果是：24号车负责15公里关门收容，25号车负责20公里关门收容，26号车负责25公里关门收容，27号车负责30公里关门收容，28号车负责35公里关门收容，沿途流动车是21号、22号、23号车。②裁判员6：00都要按主裁判事先安排的车号上车，每辆车由1名裁判及2名志愿者管理，管理裁判要明确赛前的任务、停车的地点、行驶的路线及沿途的任务。主裁判可在任何的一辆车上指挥或不断地更换车辆进行观察与指挥。每辆收容车要带有5箱矿泉水。③被收容的运动员上车时，裁判员要在运动员胸前号码布上打“√”，并记录下运动员上车时间、公里点、号码。④定点收容车到各自公里点后要在附近找空档地方停放，不能停在赛道上（主裁判要事先帮定点车辆选好停车位置）。⑤15公里、20公里定点的收容车最后把收容半程的运动员在半程终点放下后继续沿全程路线开，直到全程终点才结束。

（十五）裁判员工作要求

1. 裁判员应强化组织观念，在裁判工作中，要服从各项目主裁判的工作安排与调动，要独立完成好本职工作，在做好自身工作的同时还要主动协助其他裁判组做好其他工作。

2. 赛时各项目主裁判要深入比赛现场，实地掌握情况，比赛没有结束不能离开岗位，要经常与本组有关裁判员取得联系，解决和处理紧急事情，以确保本裁判组各项工作顺利完成。

3. 裁判员和志愿者当天比赛时间尽量不打或少打与比赛无关的电话，要保持本人电话在此期间的畅通，同时要知道自己站岗的位置是多少公里处或在什么路或在什么单位门前或有什么标志物等，以便有意外情况时能够快速准确说出所在的位置。

4. 裁判员和志愿者在执裁和服务工作中，应注意文明礼貌，不断提高自身修养，始终保持良好的形象和饱满的精神状态，做好工作，直至完成任务。

第四节　以真诚服务选手的理念精心设计赛事细节

中国马拉松目前在服务选手方面应该是走在了世界的前列，特别是在参赛包、赛道补给和完赛包等方面各举办方是八仙过海、各显神通。但是我们对于选手的服务基本放在了参赛福利方面，其实对选手的服务有更多的事情可以去做，有更多的市场机会可以供挖掘和开发。

一、选手的日常训练和管理服务

作为一个马拉松的爱好者和参与者，日常跑步训练和参赛必然是其除工作以外业余生活的主要内容，在这部分时间里面，会有 95% 甚至以上的时间是用来进行日常跑步和训练的。如何做好对这部分时间的内容的服务才是我们应该重点关注的内容，比如跑友的日常科学训练、合理的运动营养补充、训练中的运动康复、如何制订科学的参赛计划，等等，都是我们应该重点关注的内容。

二、选手的参赛服务

选手的参赛服务内容很多，比如赛事的报名服务、赛前的行程和酒店预订、赛中的饮食和交通、赛后的观光旅游需求等。这些服务内容作为赛事组织方代表的赛事运营公司一定要寻求专业的垂类公司共同协作，比如专门的赛事供应商、专门的旅游出行服务平台、专门的餐饮平台等，共同为选手提供贴心的参赛服务。

三、以服务精英选手的理念来服务普通跑者

笔者曾经作为国家竞走和马拉松队的工作人员参与奥运会、世锦赛等重大赛事，这些赛事组委会对参赛人员的服务都有着完整规范、细心周到的流程，比如赛前会提前一个月甚至更早了解参赛者的行程，确定入住的酒店和运动员村，为代表队提供专门的志愿者，到达比赛地会有热情的机场接送服务，比赛期间在驻地和比赛场地之间会有专门的摆渡车，在酒店和运动员村有详细及时的信息服务中心，赛后会有详细周到的送站服务，机场或者客运站会有专门的通道，等等。诚然，在国内的大多数城市的马拉松受限于经费少、参赛人数多等限制，组委会无法完全按照奥运会的标准为远道而来的跑友提供服务，但是在组委会力所能及的范围之内我们一定要有这样的理念和态度来为普通跑者提供精心的服务。

中国田径协会于2020年3月26日发布《中国马拉松及相关运动参赛指南》，该指南对跑者参加马拉松及相关运动比赛必须了解的事项进行了详细和有针对性的描述，在此全文摘录供读者参考。

《中国马拉松及相关运动参赛指南》[①]

"参赛指南"是指跑者参加马拉松及相关运动比赛必须了解的事项，包括报名须知、赛前准备、比赛途中和赛后恢复四个部分。目的是希望参赛者尽可能减

① 本文件来自中国田径协会官网。

少不必要的失误，发挥自己的训练水平，安全顺利完赛，取得预定成绩。参加山地、越野、超长跑等运动项目比赛也可参考使用此指南。

一、报名须知

（一）阅读竞赛规程

竞赛规程是组委会举办比赛的纲领性文件，主要包括竞赛名称、主办单位、承办单位、协办单位、举办时间、举办地点、竞赛项目、比赛路线、竞赛办法、参赛办法、奖励办法等，以及赛事组织方的特殊要求。竞赛规程一般会在赛事官方网站上提前公布，使参赛者根据规程合理安排训练，积极做好参赛准备。

（二）评估健康状况

马拉松及相关运动的比赛是一项不断挑战自身极限，具有一定风险的运动项目。如果运动不当，可能造成不同程度的身体损伤，甚至危及生命。因此，马拉松及相关运动参赛者应身体健康，而且要有经常参加跑步锻炼或训练的基础。参赛者应在有资质的正规医疗机构进行体检，并结合体检报告评估自己的身体状况，确认是否可以参加马拉松及相关运动比赛。

以下疾病或状况者不宜参加比赛：

先天性心脏病和风湿性心脏病患者；

高血压和脑血管疾病患者；

心肌炎和其他心脏病患者；

冠状动脉病患者和严重心律不齐者；

血糖过高或过低的糖尿病患者；

比赛日前两周以内患过感冒者；

赛前一晚大量饮用烈性酒或睡眠不足者；

孕妇；

其他不适合运动的疾病患者。

（三）评估能力状况

参加马拉松及相关运动的比赛跑者应根据自身状况、训练时间长短、训练负荷的适应程度以及个人健康状况选择适宜的参赛项目。

通常，经过6个月以上的系统训练，每周3～6次训练，一次最大跑量以目标速度或高于目标速度持续完成32～35公里而无重大不良身体不适者，可以选择参加全程马拉松；

经过3～6个月的系统训练，每周3～5次训练，一次可以目标速度或高于目标速度持续跑完成15公里以上而无重大不良身体不适者，可以选择半程马拉松比赛；

经过2～3个月的系统训练，每周3～4次训练，一次可持续跑达到5公里以上的，可以参加10公里比赛。

从安全角度考虑，参加马拉松及相关运动比赛应该是一个循序渐进的身体运动能力、心理承受能力的发展过程。跑者应该遵循循序渐进的运动训练原则，参赛选择上注意由短到长（距离）、由慢到快（速度）。先从参加5公里、10公里跑比赛开始，有10公里比赛经历后，才能报名参加半程马拉松，半程马拉松完赛后并经长距离跑训练，才能报名参加全程马拉松项目。

二、赛前准备

（一）阅读手册

参赛手册是组委会提供给参赛运动员的官方重要信息提示，通常放在参赛包内一并发放（也可网上公布）。参赛手册包含运动员参加比赛的许多重要信息，例如各项目检录集结区位置，检录时间，关门时限，比赛当日交通信息，比赛路线，饮料用水位置，起终点位置，赛后成绩查询，等等。跑者通过赛事手册了解检录时间、存包处、取包处、出发集结区域，到达比赛地点的交通路线、用时。跑者应通过提示了解比赛当日的天气情况（气温5～15℃比较适合马拉松及相关运动比赛），如太冷应穿长衣长裤；如过热，除穿背心短裤外，还要做好降温准备。

跑者应根据自己住所离赛道起点的距离、路途用时及比赛时间等确定起床、洗漱、早餐时间，不要太早或太晚。如果条件允许赛前应勘察比赛路线，或在比赛路线上进行适应性训练，主要了解路线是否平坦，上下坡情况，合理安排体力分配。

（二）调节心态

赛前一天应充足睡眠，防止赛前过度兴奋，消耗精力，影响第二天的比赛成绩。安排叫醒（叫醒电话、闹钟、手机等），不遗留任何影响睡眠的担心。通常赛事级别越高，心理压力越大，关键时刻能否保持良好心态亦是至关重要。

（三）参赛物品

赛前一周应该考虑比赛时需要使用的物品，最好列出清单，按照清单准备比赛物品，避免遗漏。

1. 芯片：按要求佩戴，保证成绩有效。

2. 服装：除组委会发的赛事服装，也可以选择宽松、舒适、透气、吸汗、自己惯用的服装。天热时可选择背心短裤，天冷时可增加长衣裤。

3. 号码：比赛前一天固定在参赛服装上，避免第二天早上手忙脚乱。

4. 跑鞋：跑步最重要的装备。应选择轻便、透气、耐磨的跑鞋。舒适的跑鞋不仅能提高跑步效果，还能缓冲脚着地时的冲击力，起到保护作用，防止脚掌疼、脚跟疼、脚打泡、指甲脱落等损伤。比赛鞋最好在训练中多次试穿磨合，穿新鞋参加比赛容易造成脚部磨损。

5. 袜子：应选择柔软、吸汗、透气、接缝平滑、弹性好的纯棉袜，跑动时不会出现滑脱、团缩等现象。袜子应在训练中试穿几次，穿新袜子比赛也可能导致脚部磨损。

6. 帽子：天气炎热时帽子可以起到防晒作用。帽檐可以挡住汗水、雨水或降温浇水时水流进眼睛里，避免频繁擦拭眼睛。

7. 防晒：高温天气比赛时涂抹防晒霜，防止晒伤。

8. 存衣：存衣包内放赛后更换的衣物、毛巾、鞋以及轻便的食品饮料。存衣包外必须附上自己的号码布和姓名，以便赛后领取。

9. 补给：多数赛事组委会在赛时提供饮用水、功能饮料、食品，组委会未提供的，如盐丸、补液盐、能量胶等，跑者可根据自身需求，自己携带。

10. 凡士林：全程选手跑步过程中双腿双手摆动频次较高，建议在容易摩擦的部位（如大腿内侧、腹股沟和腋下）涂抹凡士林保护皮肤，防止摩擦过度。

11. 多功能手表：用于了解和掌握跑步速度及心率，及时调整体力分配。

12. 腰包：用于存放参赛必备的小物品。

13. 魔术头巾：高温天气可以擦汗、低温天气可以御寒。

（四）饮食策略

赛前早餐不宜油腻、过饱，应适当摄入碳水化合物，如面条、面包、米饭、馒头等主食，以保证身体充足的糖原储备。同时适量蔬菜水果，搭配适量的蛋白质，帮助身体补充维生素，有助于消化系统保证胃肠道运作顺畅，减少过多的油脂摄取。

（五）评估实力

根据前期的训练及赛前状况情况，恰如其分评估自己的实力，有利于提高信心，合理分配体力、制订配速计划，发挥自己的最佳训练水平。

（六）制定配速

根据自己的赛前训练水平制定成绩目标，围绕目标合理分配体力，尽量保持均匀配速。不同的参赛目标，选择不同的体力分配，确保在组委会规定的关门时间内顺利完赛。

（七）预防伤病

平时训练前要认真做好准备活动。针对容易受伤的部位，活动时间要相应拉长。加强自我保护，一旦训练中某部位有疼痛感，应立即停止训练或变换训练内容，避免伤势加重。尽可能选择质地较软的路面进行赛前强度训练（路面的硬度：水泥路面 > 沥青路面 > 塑胶道 > 土道）。训练后要及时擦净汗渍，更换衣服，避免身体受凉引起感冒。注意饮食卫生，尽量减少生冷食品的摄入，避免腹泻。

三、比赛当日

注重赛中速度控制和能量补充。

（一）早餐

临赛前 2 个小时用餐，吃清淡易消化的食物，不要吃得过饱。避免食用平时没有吃过的食品或饮品，以及生冷食物，以防比赛中肠胃不适。

（二）热身

临赛前 30 ~ 50 分开始做准备活动，可先进行慢跑，有助于体温、心率升高。然后进行髋、膝、踝各关节和躯干的转动以及各种下肢肌肉的拉伸，最后做几次短距离的加速跑，使机体进入临赛状态，适应即将开始的剧烈运动。

（三）起点

至少提前 1 小时到达比赛区域，检录、存包、如厕排空（到达起点前完成）后，进入规定的出发区域等待起跑。起跑等待期间继续进行轻微活动，保持身体的热度。同时，检查鞋带是否系紧，装备是否齐全。

（四）起跑

鸣枪出发时，人多拥挤，注意保持冷静，不必争先恐后，蜂拥向前，避免被碰撞挤倒。如果出现个人（鞋被踩脱等）意外情况需要处理，不能下蹲停跑，而应随着人群继续往前跑，在人流相对较少的赛道边缘寻找合适位置处理。

（五）途中

马拉松比赛首要原则是采取匀速跑，前 2～3 公里不要跑得太快，低于目标速度 10 至 15 秒，或以 70%～80% 强度跑进即可。应按照自己的节奏和计划，可以选择跟随“官兔”或速度相当的跑者进行跟跑，有利于节省体力，控制速度。

（六）上下坡

在比赛中遇到上下坡时，注意调整身体重心，尤其是躯干的倾斜角度。上坡时，身体稍前倾，适当缩小步长，加快步频，加快摆臂，采用前脚掌着地，同时配合呼吸节奏。下坡时，身体稍后倾，通过脚跟滚动到脚前掌着地，适当增加步长，降低步频，合理控制跑速。

（七）补给

组委会在赛事路线沿途设置用水站/饮水站/补给站，参赛者根据天气情况选择用水或饮水，或者两者都取用，饮水量要依气候情况而定，天热饮水多些，每次饮量不要过多；15 公里后可根据自身情况食用组委会提供的食品补给，如香蕉、面包、番茄等。如果带有盐丸、能量棒或能量胶，可在比赛中分次食用，及时补充运动中所需的多元糖、电解质。通常，盐丸和能量胶每隔 8～10 公里服用一次。

（八）终点前

快到终点时应避免提速冲刺，要根据自身状况匀速通过终点，否则会发生运动伤害甚至危及生命。

（九）异常情况处理

1. 不适：若出现呼吸困难、心跳加速、头晕恶心、腿软发沉等现象，这就是运动生理学上所指的运动“极点”（半程马拉松的极点一般在 15～18 公里，全程马拉松的极点在 30～35 公里）。它是由于内脏器官的活动不适应运动器官活动引起的一种正常的生理现象。跑者可以适当减慢跑速，有意识加大呼吸深度，减少呼吸次数，或行走 2～3 分钟，使得大脑皮层工作正常起来，上述各种难受的感觉就会随之消失，从而迎来正常运动机能，运动生理学上叫“第二次呼吸”。

2. 腹痛：应放慢速度，同时采用深呼吸，按压疼痛部位或弯腰跑等方法进行调整。

3. 关节痛：出现膝关节或踝关节疼痛时，放慢跑步速度。

4. 抽筋：疼痛感不严重的抽筋出现时，可以自己按照肌肉抽筋的反方向拉伸，按摩和揉搓抽筋部位，一旦有所缓解可以继续比赛。如果情况严重，需要在其他人员的帮助下完成拉伸，缓解后可以继续参赛。

5. 其他异常情况：应减速退到赛道旁，先进行自我调整，如果症状未减轻甚至加重，可向现场医务人员或组委会寻求帮助。如果出现眼前发黑、头晕、恶心、憋气、出冷汗等症状，应立即请求帮助。

6. 高海拔：在高海拔地区参加比赛时，由于高原空气稀薄，高强度运动非常容易造成人体缺氧。为预防高原反应，马拉松全程配速通常应该比平原慢 5 ~ 10 秒/公里。另外，高海拔的地区的紫外线强烈，应注意防护。

7. 高温：在我国南方城市举办的马拉松赛事，通常遇到天气炎热的情况，高温并伴随着较高湿度，造成人体大量排汗散热。因此应注意增加功能饮料的摄入，并适当降低全程的配速，确保安全顺利完赛。

（十）终点

即将到达终点时，根据身体状况匀速通过，量力而行。到达终点后不可避免地会出现身体极度疲劳，肌肉酸痛，浑身乏力，此时：

1. 不要骤停，蹲坐或躺下休息，应向前继续慢跑或慢走，让心率逐渐恢复正常水平。稍作调整后进行全身拉伸放松，有利于加快恢复。

2. 不要立即饮用冷饮，应补充常温的矿泉水或饮料，避免冷饮引起胃肠痉挛、腹痛等疾病。

3. 领取存衣包，换上干衣服，注意保暖，以免着凉感冒。

4. 领取奖品或纪念品、成绩证书（或住地自行下载）。

5. 利用组委会提供的现场赛后恢复服务进行按摩放松。

6. 可食用组委会提供的香蕉、牛奶、面包等食品进行体力恢复。

四、赛后恢复

（一）冷敷：将腿在冷水中浸泡5～10分钟，再用温水浸泡5～10分钟或用冷热水交替冲淋。

（二）补给：赛后补充运动饮料，吃易消化的碳水化合物和蛋白质补充体能。

跑者在马拉松比赛后，不要急于恢复正常训练节奏，应该安排大约一周的休整时间。休整期间，跑者可以进行慢跑及下肢和躯干等部位的肌肉牵拉，包括按摩，促进身体机能恢复。赛后的恢复训练要循序渐进，逐渐增加运动量。

五、参赛守则

（一）不得以虚假年龄或虚假身份报名。

（二）按要求佩戴号码布。

（三）不得佩戴他人号码布和感应计时芯片参赛。

（四）不得伪造号码布参赛。

（五）不得携带两枚或两枚以上感应计时芯片参赛。

（六）按规定的起跑顺序在报名项目的起跑点起跑。

（七）应按照规定时间出发起跑。

（八）不得绕近道或途中插入赛道。

（九）赛时服从工作人员指挥。

（十）在丢弃废品前，确保周围选手不受影响。

（十一）使用赛道起、终点及沿途卫生间，严禁随地便溺。

（十二）赛道上不要挤、推、撞、绊。

（十三）进入水站补给站应放缓步伐，大众选手不得拿取红色桌布放置的专业选手饮料饮用。

（十四）若想停止比赛，应减速并移步至赛道边缘，避免影响其他选手。

（十五）未完成比赛不得领取完赛物品，完赛后不得反复通过终点领取。

（十六）遵守规则、规程，尊重对手、尊重裁判，讲究礼仪、文明参赛。

六、中国田协作为中国境内田径及马拉松运动的行业管理协会，参赛者若违反比赛规则及比赛规程将面临被取消参赛资格或比赛成绩的处罚，情节严重的甚至会受到禁赛的处罚。

七、本指南解释权为中国田径协会。

总之，通过本章的阐述大家可以比较全面地了解到马拉松赛事的运营和管理是一项庞杂的系统工程，政府、体育行业主管部门和赛事公司缺一不可。就中国目前的现状而言，政府一定要主动承担起宏观调控的角色，因为马拉松赛事所依赖的城市赛道和政府公共服务资源一定是需要从政府的层面来推动和协调的；地方体育行业主管部门一定要在赛事的专业性和规范性方面提供更多支持，但一定要立足于服务的角度来做事，确定好自己的角色和定位，过多地干涉赛事运营的具体环节或者是完全缺位都是不可取的（这两方面的例子都是可以在目前中国的城市马拉松中找到相关实例的）；就赛事公司的角色来看，其未来一定是一个对上协调政府和行业主管部门、对下整合赛事有关专业服务的平台型公司，赛事公司要善于整合行业市场中的各种垂类供应商，从赛事所需的互联网工具（官网、报名、领物系统等）、计时服务、场地搭建、宣传推广等方面集合行业内最专业的公司和最专业的人来共同协作。任何想要凭借一己之力来运营好一场马拉松赛事的努力都注定会是一场堂吉诃德式的挑战。未来的马拉松赛事市场运营机制一定是平台型的赛事运营公司和专业的垂类供应商共同生存、共同发展的，只有这样才是一个健康有序、充满勃勃生机的良性产业，大家才有可能共同做好做大这个路跑产业市场的蛋糕。

第二章　马拉松赛事工作手册

一个马拉松赛事的运营方案应该包括的各项内容，最多可有 30 个子方案，所有方案汇集起来就是一本规范完善的赛事工作手册。本书基于笔者在参与运营北京马拉松、海南三亚马拉松、杭州马拉松、大连马拉松等工作过程中的经验和积累，编写以下工作方案模板供读者参考。

第一节　马拉松赛事总体工作方案

赛事总体工作方案主要是以赛事举办地政府名义下发给政府相关部门作为赛事执行的纲领性文件，方案主要对赛事基本情况、组委会组成、相关部门职责等进行规范性要求，主要内容如下。

一、时间及地点

时间：××年×月×日 08：30—14：45

地点：××市

二、办赛单位

支持单位：

主办单位：

承办单位：

协办单位：

三、赛事组织机构

（一）组委会

名誉主任：
国家体育总局或中国田径协会领导
主　　任：
省人民政府副省长
执行主任：
中国田径协会副主席
省人民政府副秘书长
省体育局局长
市人民政府市长
副 主 任：
中国田径协会副主席
省体育局副局长
市人民政府副市长
市人民政府副市长、市公安局局长
秘 书 长：
中国田径协会主管领导
省体育局主管领导
市人民政府副秘书长
省田径协会主席
市体育局局长
副秘书长：
中国田径协会分管领导
市体育局分管领导

委　　员：

中国田径协会代表

市外事办公室代表

接待办公室代表

市卫生健康委员会代表

市综合行政执法局代表

市交通运输局代表

市公路局代表

市应急管理局代表

市市场监督管理局代表

共青团市委代表

市商务局代表

市教育局代表

市气象局代表

市委宣传部代表

市公安局机场分局代表

市住房和城乡建设局代表

市广播电视台代表

市日报代表

（二）组委会相关单位主要职责

中国田径协会：负责赛事立项，审核赛事方案，指导赛事运行。

省体育主管部门：负责制订、印发赛事方案，协调省内相关部门为赛事提供保障、支持。

市人民政府：负责安排市属各相关部门做好医疗、安保、交通、消防、电力、通信、环保及志愿者等赛事相关保障工作；负责赛事在当地的宣传，营造赛事氛围；负责协调当地主要景点、运动员入住酒店，安排运动员参赛、返回交通及存衣车辆等保障和服务工作。

市体育主管部门：作为赛事保障服务牵头单位，做好赛事执行推进工作，及时向市政府汇报赛事进程；协调赛事组委会各相关部门，检查、督促医疗、安保、交通、消防、电力、通信、市政、卫生及志愿者等各项工作的落实情况，做好上传下达工作。

省级赛事主管部门：在省体育局的指导下负责赛事总体策划、竞赛组织、媒体宣传、市场开发、后勤接待等工作；通过市场化运作方式，积极寻求国内外企业参与，确保赛事顺畅运营。

（三）工作部门

组委会下设办公室、竞赛部、志愿者部、新闻宣传部、市场推广部、安保交通部、医疗卫生部、后勤接待部等部门，各部门工作职责、人员组成等由组委会另行发文。

四、比赛项目与规模

计划招募 20000（假定）人分别参加三个项目的比赛，其中：

1. 马拉松（42.195 公里）：男子组、女子组共 5000 人。
2. 半程马拉松（21.0975 公里）：男子组、女子组共 7000 人。
3. 迷你马拉松（约 5 公里）：男子组、女子组、家庭组共 8000 人。

五、比赛路线

1. 马拉松路线（详细路线描述）。
2. 半程马拉松路线（详细路线描述）。
3. 迷你马拉松路线（详细路线描述）。

六、比赛时间

比赛时间为 8：30—14：45，全程关门时间为 6 小时 15 分。

赛时分段关门时间：为了保证参赛选手赛时安全，比赛路线将按公里点位置设置分段关门时间，分路段、分时对社会交通进行临时管制。关门时间按自然时间计算，关门时间到后，相应公里点的计时毯停止工作，相应路段将恢复社会交通。赛时分段关门时间见表 1。

表 1　赛时分段关门时间

公里点	关门时长	关门时间
迷你马拉松	1 小时	9：30
10 公里	2 小时	10：30
半程终点	3 小时 15 分	11：45
30 公里	4 小时 30 分	13：00
35 公里	5 小时 20 分	13：50
马拉松终点	6 小时 15 分	14：45

七、赛事奖金设置

根据赛事实际情况详细说明赛事总奖金及具体奖励名次和金额（税前）。

八、经费筹措

省、市财政负责筹措部分赛事经费，不足部分由赛事承办单位与运营单位共同进行市场开发。

九、赛事宣传

1. 新闻发布会。通过电视台、报纸、赛事官方网站微博微信，以及马拉松垂直媒体发布赛事新闻，进行预热公告并启动赛事报名。

2. 专题页面推广。以互联网旅游服务平台为依托，设置马拉松专题页面，吸引外地游客和跑步爱好者关注参与。

3. 全媒体传播。通过通讯社（如新华社、中新社）、电视媒体、广播媒体、主流平面媒体、网络媒体以及马拉松垂直媒体平台宣传赛事，重点宣传今年的赛事。

4. 网络直播互动引导。采用网络直播，引入红包雨等互动玩法，加强赛事直播受众的活跃度和黏性。

5. 赛后持续扩展。通过各电视媒体、广播媒体、纸媒、网媒进行赛后报道。

十、选手服务和安全保障

1. 计时服务：每5公里设置一个计时点，为选手提供高标准计时服务。

2. 保险：统一购买“人身意外险”与“公共责任险”，为参赛选手提供安全保障。

3. 照片下载：每5公里安排一位官方摄像师，为选手拍摄赛程中的精彩瞬间，供选手赛后下载。

4. 成绩证书：所有完赛选手均可自行登录官网下载打印成绩证书。

5. 完赛奖牌：每名完成比赛的选手，都会得到一枚设计精美的完赛奖牌。

6. 喷淋降温：组委会将安装固定喷淋点，安排喷淋洒水车，为选手降温。

7. 免费乘坐公交：参赛选手凭参赛号码布，可在赛事期间免费搭乘公交。

8. 补给服务：全程5公里开始，平均每2.5公里将分别安排一个饮料站、饮/用水站。

9. 医疗救助：合理设定固定医疗点、救护车、移动AED（自动体外除颤器）设备，配备足够医疗志愿者和急救跑者，构筑医疗救助的多道防线。

十一、赛事工作日程安排

1. 赛前3个月向中国田径协会申报项目。

2. 赛前2个月召开新闻发布会并开启报名通道（可根据赛事报批情况适当提前）。

3. 赛前2个月召开第一次政府协调会。

4. 赛前2个月启动赛事志愿者、裁判及相关工作人员招募工作。

5. 赛前2个月完成向中国田径协会赛事筹备陈述方案。

6. 赛前1个月完成裁判第一次现场勘查工作。

7. 赛前1个月召开第二次政府协调会。

8. 赛前 1 个月组委会各部门入驻现场办公。

9. 赛前 2 周完成急救跑者、配速员培训。

10. 赛前 1 周进行比赛前的综合演练，模拟比赛当日的流程安排，排查问题。

11. 赛前 1 周召开第三次政府协调会。

12. 至少赛前 1 周通告、宣传马拉松赛的交通、安保安排等，宣传和普及关于马拉松赛的知识和安全常识。

13. 赛前 3 天举办马拉松博览会（以下简称“马博会”），发放装备包，开启赞助商展示活动。

14. 赛前 1 天进行赛前新闻发布会。

15. 正式开赛。

16. 赛后 24 ~48 小时内完成成绩公示、成绩上传和成绩上报中国田径协会。

17. 赛后 30 天内完成赛事总结并提交相关主管部门。

第二节　马拉松赛事组委会架构及职责

组委会全面负责赛事的组织管理，执行竞赛规程和相关规定；定期召开会议，根据赛事工作进程审议有关提案、决议，审定有关文件，向赛事的有关各方通报各项决定并组织实施；监督赛事各有关部门工作；对比赛期间各项紧急事务进行研究处理。赛事组委会通常下设办公室、竞赛部、志愿者部、新闻宣传部、市场推广部、安保交通部、医疗卫生部、后勤接待部 8 个部门，具体部门设置可根据赛事实际运营情况适当增减。

（一）办公室

主　　任：姓　名

副 主 任：姓　名

成　　员：姓　名

工作职责：

1. 负责审核赛事总体方案、工作推进表并督促各部门实施。

2. 负责办理赛事文件报批工作。

3. 负责审核以组委会名义发出的文件。

4. 负责组委会综合性会议的召集，并整理会议纪要。

5. 负责组委会往来公文的收发、处理、归档和保管及印章管理。

6. 负责嘉宾的邀请、接待。

7. 负责秩序册领导致辞与照片的收集。

8. 负责欢迎活动的组织实施。

9. 负责颁奖嘉宾的确定及邀请。

10. 负责编制本部门应急预案。

11. 负责汇编赛事总结。

（二）竞赛部

部　　长：姓　名

副 部 长：姓　名

成　　员：姓　名

主要职责：

1. 负责竞赛计划、规程、方案的制订，并组织实施。

2. 负责比赛线路的设计、丈量及督建和检查，并制订赛道整治方案。

3. 负责管理报名系统，审核报名资格，收集、归档报名材料。

4. 负责邀请国内外专业运动员参赛。

5. 负责运动员奖金和完赛包的发放。

6. 负责秩序册、参赛指南、成绩证书、裁判员手册等赛事印刷品的编制、印刷与发放。

7. 负责比赛成绩汇编及发布，编印成绩册，审核创、超纪录成绩并办理报批事宜。

8. 负责制订选手见面会工作方案并组织实施。

9. 负责制订起终点仪式方案并组织实施。

10. 负责技术官员（包括国际技术官员和国内技术官员）的选派、注册、培训、管理和接待工作。

11. 负责制订竞赛物资需求，负责竞赛器材购置、租赁及管理使用。

12. 协助路线广告板、水码及警戒线等的布置。

13. 负责制订沿途置物方案，确定沿途饮水站、饮料站、分段计时点、临时厕所等设备设施的设置。

14. 负责临时设施的设计及布置（如检录处、衣物存放处、成绩打印处、完赛物品分发处、VIP 休息室等）。

15. 负责制订比赛当天的技术官员、专业运动员以及相关竞赛工作人员的用车计划。

16. 负责制订参赛运动员的集散方案（包括专业、业余运动员的竞赛安排，起终点参赛队伍管理等）。

17. 负责处理竞赛中出现的各类技术性问题。

18. 负责赛事的反兴奋剂工作。

19. 负责参赛选手、裁判员、志愿者等工作人员赛事保险的购买。

20. 负责获取比赛当日的气象信息，并根据气象信息提出竞赛意见。

21. 负责编制本部门应急预案。

22. 负责本部门工作总结。

（三）志愿者部

部　　长：姓　名
副 部 长：姓　名
成　　员：姓　名

主要职责：

1. 负责志愿者的招募、选拔和培训。
2. 负责志愿者队伍的团队建设和激励工作。
3. 负责志愿者的后勤保障和服务工作。
4. 负责志愿者服装的发放工作。
5. 根据需要为各部门安排志愿者。

6. 负责志愿者的赛后总结和表彰工作。

7. 负责本部门工作总结。

（四）新闻宣传部

部　　长：姓　名
副 部 长：姓　名
成　　员：姓　名
工作职责：

1. 负责赛前预热、赛中传播、赛后新闻舆情总结的所有宣传工作。

2. 负责制订赛事整体宣传及重要节点宣传工作推进表。

3. 负责制订马博会、签约新闻发布会及媒体通气会方案并组织实施。

4. 负责撰写、审查赛事对外新闻稿、宣传稿、嘉宾发言稿等图文内容。

5. 负责媒体邀请及管理，负责电视直播工作。

6. 负责赛事官方网站的建立和维护，负责网站信息的发布和更新。

7. 负责赛事印刷品（包括参赛指南、获奖证书、参赛证书、赛事证件等）的设计，负责赛事形象景观的布置。

8. 负责编制本部门应急预案。

9. 负责本部门工作总结。

（五）市场推广部

部　　长：姓　名
副 部 长：姓　名
成　　员：姓　名
工作职责：

1. 负责制订赛事整体招商方案并组织实施。

2. 负责招商工作开展，服务合作商家。

3. 负责落实赞助工作，草拟协议，并报组委会审定后签约，并履行赞助商权益。

4. 负责确定赛事供应商和服务商，负责赛事期间赞助商服务。

5. 负责赞助商户外广告的审核、报批与制作。

6. 负责赛事起终点及沿途商业活动的策划和组织。

7. 负责制订马博会、市场推广新闻发布会方案并组织实施。

8. 协助赛事印刷品（包括参赛指南、获奖证书、参赛证书等）的设计。

9. 负责编制本部门应急预案。

10. 负责本部门工作总结。

（六）安保交通部

部　　长：姓　名

副 部 长：姓　名

成　　员：姓　名

工作职责：

1. 负责制订赛事安保方案并组织实施。

2. 负责制订赛事交通管制和疏导方案，并组织实施。

3. 协助确定马拉松路线，跟进和协调城市道路挖掘计划，确保比赛路线不受挖掘计划的影响。

4. 配合医疗卫生部开通绿色救护通道，保障急救通道畅通。

5. 负责指挥起终点车辆停放。

6. 负责编制本部门应急预案。

7. 负责汇编赛事突发事件应急预案，建立赛时应急处置机制，协调各有关单位快速处置赛事期间发生的突发事件。

8. 负责本部门工作总结。

（七）医疗卫生部

部　　长：姓　名

副 部 长：姓　名

成　　员：姓　名

主要职责：

1. 负责制订赛事医疗救护方案、救护预案并组织实施，重点做好现场医疗救护点的医疗保障和救护服务。

2. 协助马拉松医疗保健知识宣传工作。

3. 负责赛事卫生监督和疾病预防控制等各项医疗卫生保障工作。

4. 负责赛事餐饮服务食品安全监管工作。

5. 负责医疗救护、卫生保障车辆和急救车的派遣和管理。

6. 负责协调和保障比赛路线沿途环卫保洁。

7. 负责编制本部门应急预案。

8. 负责本部门工作总结。

（八）后勤接待部

部　　长：姓　名
副 部 长：姓　名
成　　员：姓　名
工作职责：

1. 负责制订专业运动员、官员、贵宾、媒体的接待方案并组织实施。

2. 负责制订境内、外参赛团队的接待方案并组织实施。

3. 负责赛事各类参赛人员的迎送工作。

4. 负责确定赛事的接待酒店，负责所有需要我方购买机票、车票或需要报销的工作。

5. 负责竞赛物料、参赛套包和完赛物品的购置。

6. 负责组委会工作人员及技术官员、志愿者服装的购置及发放。

7. 负责运动员参赛物品的划拨工作。

8. 负责制订赛事用车方案（包括工作人员用车、参赛队伍用车、竞赛用车、技术官员接待用车、贵宾接待用车等）。

9. 负责赛事各类证件的制作与发放。

10. 负责统筹各组经费预算，控制定额（总额）支出，做好事前预算和事后审核。

11. 负责编制本部门应急预案。

12. 负责对接赛事餐饮服务食品安全监管工作。

13. 负责协调和保障比赛路线沿途环卫保洁。

14. 负责本部门工作总结。

第三节　赛事组委会需政府协调支持事项

一场马拉松赛事几乎需要动员一个城市所有相关的政府部门，本节主要就赛事举办过程中需要相关政府部门协调支持的事项进行梳理。

一、需公安局治安支队协调支持事项

1. 赛事安保方案的制订并组织实施。

2. 赛事活动各类人员的政审工作。

3. 赛事活动各场所门禁管理和协助证件查验工作。

4. 编制赛事突发事件应急预案，建立赛时应急处置机制，协助组委会快速处置赛事期间的突发事件。

5. 起点会场的安全保卫工作。

6. 迷你终点、半程终点、全程终点的安全保卫工作。

7. 马博会的安全保卫工作。

8. 配合组委会完成人员证件权限设置及发放工作、证件审核及防伪标识工作。

9. 赛事期间配合竞赛工作的警车安排。

10. 负责赛事期间隔离设备，包括铁马、警戒带等器材准备。

11. 协助赛事相关报批工作。

12. 在整个马拉松转播期间，需提供全天24小时安保（电视转播需求），具体如下。

（1）在起终点及转播车停放位置，白天不少于2人，夜间不少于6人。

（2）在各个微波接收点，白天不少于1人，夜间不少于2人。

（3）所有区域的安保在直播团队全部撤离后方可解除安保任务。

13. 赛事当天不允许在赛道沿途使用无人机、放飞氢气球。（电视转播需求）

14. 比赛当天所有单机点，主席台和颁奖台直播期间拉起警戒线，非直播工作人员不得进入线内。

二、需公安局交警支队协调支持事项

（一）电视直播需求

1. 转播车、设备运输车辆、直播用摩托车及工具车等需要交警部门协调因为工作而产生的如限行违规行为，需要配合处理。

转播车辆包括：1 辆移动转播车、2 辆马拉松转播车、6 辆摩托车、2 辆卫星车、1 辆应急发电车，均停放在指定停车区域。需要在转播区域周围拉起警戒线，严禁一切不相关人员及车辆进入该区域。

2. 与主办方前期协调，妥善规划赛道封闭路段。在赛道有高度低于 4 米的桥洞处，移动转播车无法通行，旁边绕行的道路不可封闭，全力保障移动转播车的顺利行驶。

3. 与赛事管理部门协调赛道直播车辆的排位及直播期间的进出赛道事项，同时确定赛道终点前移动转播车撤离路线。

4. 赛前一天节目联排。

开道警车、5 辆警用摩托及驾驶员到达起点总控，用于 4G 或者 5G 信号传输，并提供人员信息。

5. 直播当天。

（1）6：00，开道警车、5 辆警用摩托及驾驶员到达起点总控。

（2）严禁赛道上出现反动标语或影响直播的其他活动。

（3）直播开始前，必须保证电视台团队有直播车证的车辆与工作人员进入起点总控，各央视微波接收点的人员客车与设备卡车与各单机点人员客车不受阻拦。此要求务必保证下发到每一位干警。

（4）直播时赛道上非特许车辆禁止通行（车证限定），此要求务必保证下发到每一位干警。

（5）运动员冲刺时，在终点赛道附近路上要留开口，供转播车直播和赛事车辆离开赛道并返回停车区域。

（6）在直播结束后，需确保电视台各微波接收点人员客车与设备货车顺利返回终点总控，此要求务必保证下发到每一位干警。

（二）组委会需求

1. 赛事交通管制和疏导方案的制订，并组织实施。

2. 配合医疗保障单位开辟绿色救护通道，保障急救通道畅通。

3. 指挥起终点车辆停放。

4. 编制赛事突发事件应急预案，建立赛时应急处置机制，协助组委会快速处置赛事期间的突发事件。

5. 赛道沿途各路口隔离封闭、交通疏导。

6. 赛事搭建期间及比赛期间道路封闭。

7. 比赛期间，领导、贵宾及工作人员车辆转运工作，存衣车路线疏导及转场工作。

8. 赛事筹备及运行期间，组委会相关工作用车工作期间违章的处理。

9. 赛事期间配合竞赛工作的警车安排。

10. 配合组委会完成车辆通行证权限设置及发放工作、证件审核及防伪标识工作。

三、需消防部门协调支持事项

（一）赛前一周

1. 完成消防安保方案。

2. 完成赛道踩点及组委会对接工作。

3. 协助马博会举办场地相关报批工作。

（二）比赛当天

1. 早 6：30 前安排执勤消防车到需确认地点进行现场备勤。一旦出现火情，现场执勤人员立即查明火灾的具体部位及火势发展情况，并立即通报灭火指挥员。

2. 提供消防车 5 辆，用于降温喷淋工作，分别位于 15 公里、25 公里、30 公里、35 公里、40 公里处。

四、需卫健委协调支持事项

（一）赛前一个月

1. 制订赛事医疗救护方案并组织实施，重点做好现场的医疗保障和救护服务以及马拉松医疗保健知识宣传工作。

2. 赛事卫生监督和疾病预防控制等各项医疗卫生保障工作。

3. 医护团队组建和培训、卫生保障车和急救车的派遣和管理。

4. 编制医疗保障应急预案。

（二）比赛当天

1. 提供足够数量救护车，每辆救护车配备能够正常运转并电量充足的 AED 1 台，并配备 1 名心脏外科医师和 2 名具备急救常识的医护人员。

2. 指派专人和组委会赛道急救团队对接相关事宜，确保双方沟通顺畅。

3. 负责确定紧急救助医院并落实绿色急救通道。

4. 协调当地医院，出现紧急情况先救助参赛人员后期结算费用。

五、需教育部门和当地高校协调支持事项

为确保志愿者工作顺利进行，需教育部门和当地高校协调配合志愿者招募和培训工作。

（一）志愿者服务岗位

志愿者服务岗位涵盖前期接待、马博会、竞赛、医疗保障等。

（二）时间节点安排

1. 赛前两周完成合作高校及社会渠道志愿者的招募、面试及信息采集。

2. 赛前一周根据合作高校实际情况安排培训（培训时间安排详见细化方案）。

3. 赛前 5 天参赛装备分拣志愿者到岗。

4. 赛前 3 天马博会和接待部门志愿者到岗。

5. 比赛当天 4：30，竞赛志愿者上岗。

（三）志愿者人数需求

1. 前期接待、马博会：500 人。

2. 比赛当天竞赛志愿者 1200 人、补给站和服务站 200 人。

3. 医疗志愿者：约 600 人。

总计：约 2500 人。

六、需党委宣传部协调支持事项

1. 完成电视直播内容对接工作，包括城市宣传片、直播背景音乐、主持人文字稿、字幕文字稿等。

2. 协调邀请及管理驻媒体资源，协助组委会对赛事活动进行采访报道。

3. 完成赛事舆情监控应急预防方案。

七、需无线电管理局协调支持事项

电视直播要求：对直播临时使用微波及通信频点（具体频点另行文）进行协调和监测，有问题及时通报直播组。

1. 完成对微波及通信频点使用申请的公函批复工作。

2. 直播所用各频率需无委会及相关部门备案。

3. 监控转播所使用的微波及通信频点另有单独文件具体描述，并确保频点合法、稳定、安全。

4. 设备搭建及测试：无委会提交直播使用频率扫频结果，并通报电视直播团队。

（1）对以上频率进行 7×24 小时监控，确保安全稳定。

（2）无委会需要提供专人，对接马拉松测试及直播工作。

5. 赛前技术测试。需无委会按时间节点提交直播使用频率扫频结果。

6. 直播当天。

（1）6：00 前，无委会提交直播使用频率扫频结果。

（2）6：00 至直播结束，全程监控所有直播频率，确保安全。

（3）6：00 派专人到起点总控机房，协助直播工作。

八、需科工信局、电信分公司、移动分公司、联通分公司协调支持事项

1. 赛前一周完成各微波接收点、通话基站、单机直播点到终点总控机房之间的所有光纤线路铺设工作，光缆箱安装到位，所有光纤链路测试通过。

2. 比赛当天在起终点提供应急通信保障车，实现无间断 4G 或者 5G 覆盖。

3. 直播当天派光纤技术人员若干名，分别在起点总控机房、两个单机点、三个微波接收点，保障各单机点、微波接收点的光纤通路正常工作。

九、需供电局协调支持事项

（一）赛前一周

1. 完成起点和终点竞赛与电视制作区域的双路电源供应。

2. 提供应急备份发电车 2 台，在起点和终点转播车旁各一台。

3. 为转播团队提供短电缆连接独立配电箱，起终点舞台音响、灯光等非直播设备不得接入。

4. 空调和日常照明电需要单独拉至设备机房和总控机房，不得使用设备配电箱。

5. 完成所有单机点、微波接收点电源供应。

（二）比赛当天

1. 6：00，动力技术人员 2 人，在起点总控机房集合，协助电视直播团队工作。

2. 6：00，各微波接收点电源负责人各自到位，协助电视直播团队工作。

3. 落实比赛沿途及起点、迷你终点、半程终点、全程终点电力需求及保障工作。

4. 根据赛事实际情况提供云梯车供赛时央视转播使用。

十、需行政执法局协调支持事项

（一）赛前一周

1. 完成马拉松赛道周边的环境综合治理，对赛道的相关广告牌进行整改。

2. 清理横穿赛道上空的各种障碍物，确保赛道有 4.5 米的净高。

3. 全程赛道所有路段不能有减速带，路面需平整，确保直播全程镜头稳定。

（二）比赛当天

1. 停止赛道沿途所有高空施工。

2. 赛道沿途指示系统、广告牌及宣传横幅的审批。

3. 配合完成马拉松赛期间起终点等区域搭建工作。

十一、需气象局协调支持事项

赛前一周开始每天提供天气预报数据，包括温度、湿度、风速、风向等，并将结果发给组委会。

十二、需各市辖区人民政府协调支持事项

1. 辖区内赛道沿途氛围营造、观众组织观赛工作。

2. 辖区内做好环境卫生整治工作。

3. 协助联系马拉松路线起点、沿线酒店参与赛事加油站氛围营造和提供特色补给。

4. 起点、终点以及音乐加油站：特色表演，舞蹈、歌曲表演等特色文艺活动。

5. 比赛当日安排工作人员维持辖区内秩序。

十三、需旅游局协调支持事项

1. 协助主要景区给予参赛运动员优惠政策。

2. 协调旅游等相关行业企业参展马博会。

3. 协助选定赛事接待酒店，供参赛运动员选择入住。

4. 协助指导并协调全市各旅行社和旅游景点做好赛事宣传工作。

5. 协助联系马拉松路线沿线酒店参与赛事加油站氛围营造及提供特色补给，并协助汇总。

6. 协助在酒店、旅游景点投放赛事宣传资料。

十四、需体育局协调支持事项

1. 负责牵头协调市政府及各相关部门。

2. 协助拟定赛事保障工作方案，组织召开赛事工作协调会。

3. 协助组委会各项日常工作，组织组委会工作会议和有关专题会议，协调、沟通和研究赛事重大问题。

4. 协助以组委会名义邀请领导、嘉宾等出席开幕式和相关活动。

5. 加强与组委会成员单位和各工作部门的联系，协调解决活动中出现的问题。

6. 安排、督促、检查组委会成员单位和各部门的赛事活动筹备工作，确保

各项工作稳步推进。

7. 制订大事件紧急预案（赛事线路封路及短信通知、广播广电新闻通知等）。

十五、需机场、火车站协调支持事项

1. 开通贵宾通道及贵宾车辆接送通道。

2. 协助组委会安排志愿者在机场及动车站的咨询台，针对马拉松运动员答疑解惑。

3. 提供区域内公益广告位使用进行赛事宣传。

4. 协调机场及高铁站接驳车停放。

十六、需政府接待办协调支持事项

协助做好出席赛事的相关省、市领导接待服务工作。

十七、需交通局协调支持事项

1. 协调市内公交车作为选手存包车。

2. 协调市内公交车，为半程选手提供摆渡车服务。

3. 协调市内公交车，为全程选手提供摆渡车服务。

4. 赛前 3 天参赛人员凭参赛号码布免费乘坐公交车。

5. 协调主要路段公交站广告牌的广告投放。

十八、需政府外事办协调支持事项

提供外事邀请函，协助国际技术官员、境外参赛运动员等外宾办理出入境手续。

十九、需园林环卫管理局协调支持事项

1. 指导各区做好赛道沿途、各街道环境卫生整治工作。

2. 协调赛道沿线在赛事前一天晚上进行路面及周边环境清理的相关事宜。
3. 保证赛事当天移动厕所蹲位数量及安排投放、回收。

二十、需教育局、团委、教育工委协调支持事项

1. 制订志愿者招募工作的应急预案。
2. 协助落实志愿者面试、培训、表彰等与志愿者服务工作相关的场地。
3. 选派230人左右的辅助裁判团队（优先考虑体育老师）。
4. 根据组委会需求安排培训相关组别的志愿者。

二十一、需住建局、公路局协调支持事项

1. 保障赛道路面平整、赛道周边施工工地不影响比赛的正常进行以及电视直播。
2. 协调赛道沿线蓝色围挡进行美化处理。
3. 协调使用市内主要路段灯杆旗。

二十二、需报社、广播电视台协调支持事项

1. 做好赛事前期的宣传造势和比赛期间的宣传报道及相关活动的宣传工作，发布赛事倒计时。
2. 协助做好赛事期间交通等信息的发布。
3. 广播电视台并机直播赛事。

二十三、需安全生产监督局协调支持事项

负责比赛场地和相关活动设施、设备及舞台搭建的安全监督检查工作。

二十四、需食药监局协调支持事项

做好赛事食品、药品安全检查工作。

第四节 马拉松赛事组委会各部门工作方案

在马拉松赛事组织过程中，赛事公司的作用更像是工程建设中的项目管理部，一定要针对起终点管理、赛事管理、选手管理和人员分工制订合理可行的运营方案。本节内容主要就一些赛事必需的运行方案和框架内容进行梳理。为方便相关内容梳理，比赛日期假定为5月12日，上午8：30起跑，参赛规模为20000人。

方案一：起点工作运行方案

一、起点活动和开跑仪式议程

（一）起点活动

序号	活动名称	参加人员	参加人数
1	热身领舞操	领舞人员、参赛选手	根据赛事情况安排
2	特色文艺表演	表演队	若干人
3	发令仪式	相关领导	基于若干人

（二）开跑仪式议程

时间：××年5月12日8：20—8：45

地点：××

主持人：××

仪式议程：

7：47　主持人广播注意事项；

8：15　现场总指挥、裁判长与电视台、发令员对表（校对时间）；

8：20　裁判员引导特邀选手到达起点线，按照特邀男子、特邀女子顺序；

8：22　主持人介绍一些著名运动员，起跑、发令裁判员协调相关准备工作；

8：24　由礼仪小姐引导各级领导和赞助商代表上主席台；

8：25　主持人宣布起跑仪式开始，介绍主要领导和嘉宾（配英文翻译）；

8：29：30　主持人宣布：请领导为××马拉松发令鸣枪；

8：29：55　发令员喊“各就位”，或者由主持人喊“3、2、1”；

8：30　诸位领导同时鸣枪，2 辆计时先导车同时出发，特邀选手出发，其他马拉松各项目选手出发，半程、迷你马拉松选手随同出发；

8：30：30—8：45　枪响后现场展示活动，以及播放马拉松会歌及相关歌曲。

二、起点工作流程

日期	时间	工作内容	负责人
5 月 11 日	18：00	起点区域开始戒严	
	18：10	起点区域正式接电	
	18：30	所有篷房、拱门、厕所等临时建筑开始搭建，并在周围拉设警戒带	
5 月 12 日	2：00	所有搭建工作全部完成	
	5：20	安保工作启动（拉警戒线，清空广场，疏散无关人群）	
	5：30	裁判员人员到位，志愿者人员到位，协助清场	
	5：40	场地保障人员到位（水、电、音响等，工作人员随时待命）	
		电视转播设备、人员到位	
		通信系统开通、检查，各竞赛岗位人员到岗	

续表

日期	时间	工作内容	负责人
5月12日	6：00前	撤除运动员经过路线的护栏等障碍	
	6：00	大众运动员开始进场	
		各起点检录开始	
		存衣车到指定位置	
	6：30前	医疗救护人员到达场地，VIP保障人员到位	
	6：30	起点区音响系统启动	
		特邀选手接送车辆从指定口进入，下车后车辆停在指定位置，运动员按要求进入检录区域	
	6：30—8：10	播放音乐，播报马拉松有关事项、安全通知和天气信息	
	7：00	主席台、贵宾休息区布置完毕，鲜花摆放完毕	
	7：10—7：30	健美操领操活动	
	7：30	特邀选手检录	
	7：35—7：40	播报马拉松有关事项、安全通知和天气信息	
	7：40—8：00	健美操领操活动	
	8：10	各级领导到达VIP休息处	
	8：17—8：22	播报马拉松注意事项、安全通知和天气信息等有关事项	
	8：15	现场总指挥、裁判长与电视台、发令员对表（校对时间）	
	8：20	所有上路车到起点区域外的适当位置集结待命	
		引导特邀选手到达起点线	
	8：22	介绍著名运动员	
	8：24	由礼仪小姐引导各级领导和赞助商代表上主席台	
	8：25	存衣车出发	
		宣布马拉松起跑仪式开始，介绍主要领导和嘉宾	

续表

日期	时间	工作内容	负责人
5月12日	8：28	礼仪小姐向各级领导和赞助商送发令枪或其他发令器材	
	8：29：30	主持人宣布：请领导为××马拉松发令鸣枪	
	8：29：55	发令员："各就位"或者主持人："3、2、1"	
	8：30	诸位领导鸣枪，2辆计时先导车同时出发	
	8：30—8：45	枪响后现场展示活动，播放马拉松歌曲，上路车排序出发	
	9：00	运动员全部通过主席台，马拉松歌曲播放完毕	
	9：20	开始清场	
	10：20	移动厕所和饮水、饮料站清空，封闭区域开放（如起终点为同一区域，则按要求有序开放或封闭）	

三、起点工作指挥系统

（一）指挥部

现场总指挥：

现场副指挥：

工作职责：

1. 负责起跑仪式的总体指挥、工作调度、情况上报、下达命令；
2. 负责组委会下属各委员会的综合协调、紧密配合、应急处理。

（二）各工作负责人及职责

1. 开跑仪式负责人：

工作职责：

（1）负责落实参加开跑仪式的贵宾；

（2）在指挥部领导下，负责指挥、实施仪式程序；

（3）及时了解和处置仪式中的突发情况。

2. 综合保障负责人：

工作职责：

（1）负责赛时期间，起点地区场地、电力、音响等设备的保障工作；

（2）负责协调赛时起点地区各方面的协调工作。

3. 运动员集结负责人：

工作职责：

（1）负责运动员的赛前集结；

（2）协助裁判组处理现场运动员集结的突发事件；

（3）负责与开跑仪式指挥部的联络，及时通报参赛选手的集结情况。

4. 裁判员工作负责人：

工作职责：

（1）负责裁判员、志愿者在指定位置的集结；

（2）负责各项目起点的检录工作；

（3）协助电视委员会完成电视转播的工作；

（4）协助医疗委员会完成起点医疗工作；

（5）负责起点区的组织、管理工作。

5. 场地搭建负责人：

工作职责：

（1）负责赛前场地各项设施的搭建工作；

（2）负责起点区环境布置工作；

（3）负责落实赛前韵律操人员和管理工作。

6. 新闻宣传负责人：

工作职责：

（1）负责赛时起点记者区的划分和管理工作；

（2）负责组织、接待记者采访报道工作。

7. 电视转播负责人：

工作职责：

（1）负责起点区各种电视直播设施的布置和搭建；

（2）完成起点区现场电视的直播工作。

8. 安保交通负责人：

工作职责：

（1）负责起点区安全保卫工作，确保赛事活动的安全；

（2）负责赛事交通安全管理工作，确保路线畅通，现场车辆调度有序，保证赛事各项活动顺利进行；

（3）处理现场发生的涉及爆炸、秩序混乱等突发事件。

9. 医疗救护、志愿者工作负责人：

工作职责：

（1）负责起点区各类人员的急救工作；

（2）负责提供竞赛部门志愿者，以便做好现场的管理工作。

四、马拉松起点区域图的总体说明

根据方案附总体布局图，需重点标明以下区域：起点主席台位置；拱门位置；韵律操领操台数量及位置；厕所公布区域及数量；记者区位置（分文字和摄影记者）；裁判员及计时人员使用计时钟区位置；医疗、收容车辆停放区位置；饮料/饮水区位置。

（一）区域划分分布图（略）

（二）区域说明

1. 竞赛管理区：为封闭区域，赛时进行戒严；

2. 主席台区：包括 VIP 区和工作人员服务区两个区，其中每个区入口处设置裁判检查证件，VIP、通用工作证件工作人员可进入 VIP 区，通用工作证人员、裁判证、起点工作证可进入工作人员服务区；

3. 观摩区：教练、领队以及持观摩证的人员均可进入；

4. 记者区：记者、媒体工作人员可进入；

5. 检录区：运动员（凭号码布）和其他持有效证件的人员均可进入；

6. 特邀选手检录区。

（三）所需租借或搭建的临时建筑

1. 马拉松起跑主席台。

2. 起点拱门。

3. 指示牌。

4. 记者区。

5. 临时厕所。

6. 领操台。

7. 帐篷若干个。

五、比赛管理及证件使用

根据国际田联大赛的要求，证件方面应该划分控制区域，安保人员可根据组委会图示的要求限制进入地区的人员。同时，车证中，只有序列车证、路线车证才能上路线（具体看证件使用说明表）。

类别	证件名称	颜色	通行区域									说明
			QD	ZD	1	2	3	4	5	6	7	
工作证	VIP	金黄色	Y	Y	Y	Y	Y	Y	Y	Y	Y	通行赛事各区域（Y 表示可以通行）
	领队	绿色	Y	Y					Y	Y		各队领队教练员使用，不能进入比赛内场区、VIP 区、终点赛事管理区、媒体区
	公安工作	蓝色										公安系统工作证
	保安工作	浅蓝色										保安系统工作证
	通用工作	粉色	Y	Y		Y	Y	Y	Y	Y	Y	主要为工作人员使用，不能进入 VIP 区
	起点工作	赭石色	Y									只允许在起点区域活动
	终点工作	紫色		Y					Y	Y		不能进入 VIP 区、终点赛事管理区、比赛内场、媒体区、比赛路线，且只允许在终点区域活动
	路线工作	浅紫色									Y	只在赛事路线上使用
裁判证	裁判	翠绿色	Y	Y		Y	Y		Y	Y	Y	裁判员使用，不能进入 VIP 区、媒体区

续表

类别	证件名称	颜色	通行区域									说明
			QD	ZD	1	2	3	4	5	6	7	
观摩证	观摩	灰色	Y	Y		Y			Y	Y		可通行起终点，不能进入VIP区、比赛内场区、媒体区、比赛路线
志愿者证	志愿者	淡粉色	Y	Y		Y	Y		Y	Y	Y	志愿者使用，不能进入VIP区及媒体区
记者证	记者	黄色	Y	Y		Y		Y	Y	Y	Y	记者采访使用，VIP区、比赛内场区不能进入
	内场摄像记者	橘色					Y					内场摄像记者使用，可进入比赛内场区进行采访，必须与记者证搭配使用
车证	贵宾车P1	红色	Y	Y								可通行起终点，不得上路线
	工作车P2	橙色	Y	Y							Y	工作车、媒体车专用，可通行起点、终点、路线，但是不能跟随运动员在路线上通行
	运动员P3	浅蓝色	Y	Y							Y	特邀锦标赛选手车可通行起点、终点、路线，但是不能跟随运动员在路线上通行
	运动员P4	绿色	Y	Y							Y	运动员车可通行起点、终点、路线，但是不能跟随运动员在路线上通行

续表

类别	证件名称	颜色	通行区域									说明
			QD	ZD	1	2	3	4	5	6	7	
车证	存衣车 P5	紫色	Y	Y							Y	可通行起点、终点、路线，但是不能跟随运动员在路线上通行
	收容车 P6	蓝色	Y	Y							Y	可通行起点、终点、路线，但是不能跟随运动员在路线上通行
	路线车	白色									Y	仅供计时芯片工作车使用，赛事可跟随运动员在路线上通行
	序列车	粉色	Y	Y							Y	跟随运动员在路线上通行
	定位车	黄色										只允许在路线上某个地点定位停车

注：①QD：起点；ZD：终点；1：VIP 区；2：终点赛事管理区；3：比赛内场区（FOP）；4：媒体区；5：混合区；6：观摩区；7：比赛路线。

②贵宾车 P1：贵宾停车区；工作车 P2：媒体、工作人员停车区；运动员 P3：特邀锦标赛选手停车区；运动员 P4：运动员停车区；存衣车 P5：存衣车停车区；收容车 P6：收容车停车区。

六、起点运动员集结方案

按照组委会竞赛工作的要求，将报名运动员集结到起点，裁判员进行赛前的检录和管理。

（一）运动员集结入口

赛时进出口要按比赛项目分类编号并详细说明，并在总体布局图里以显著符号注明（如 1、2、3 或者 A、B、C）。

（二）运动员集结时间

6：30 其他团体及群众运动员入场。

6：40 裁判员引导特邀选手入场。

（三）运动员集结位置（附图，略）

（四）运动员起跑顺序

8：30 特邀选手；群众选手；半程马拉松选手；迷你马拉松选手。

注：大众运动员站位尽量按报名成绩分区。

根据参赛项目的不同，所有参赛者将分成不同区域出发。各分区前端设有明显的标志，参赛者不能超越区域起点标志。

特邀选手需按号码顺序每40人为一横排，号码小者站在号码大者的左侧。

80 79 78 77 76 75 74……………………… 47 46 45 44 43 42 41	领舞台
40 39 38 37 36 35 34………………………10 9 8 7 6 5 4 3 2 1	位置
马拉松起点拱门或标志	

每个项目检录区有检录标示牌，在厕所区和运动员集结区有隔离带和栅栏进行简单分开，并有志愿者进行秩序维护，这样有利于起点检录的秩序维护。

七、车辆停放方案

根据场地条件，分区停车。

1. 运送运动员摆渡车辆区。

2. 专业选手、特邀选手的车辆区。

3. 存衣车区域。

4. 贵宾车、工作车区域。

5. 上路顺序车停放区域：上路车29个序号车（1辆计时显示器校正车，2辆计时先导车，3辆检查车，6辆技术代表、仲裁、裁判长车，7辆收容车，3辆新闻摄影车，3辆救护车，4辆电视转播车），7：50顺序开出到赛道指定位置。

6. 医疗车停放区域：7：50部分车辆会和序列车一起上路。

八、起点区退场方案

（一）退场路线

1. 贵宾（VIP）、媒体、工作人员和车辆退场路线。

2. 裁判员、志愿者退场路线。

3. 场地搭建组拆除搭建的临时建筑退场路线。

（二）紧急疏散方案

1. 各单位要加强对参加人员的安全教育，遇到紧急情况，不要惊慌，要听从现场安保人员的指挥。现场如出现突发事件，要及时向上报告，并会同现场工作人员迅速进行现场突发事件的调节。

2. 下雨天气，根据当天天气情况，运动员可以自行佩戴雨具，贵宾雨具由仪式组统一配备。

3. 打架、疾病、受伤等突发事件。裁判员、志愿者如发现打架事件，应及时进行制止，并报组委会。如出现疾病、晕倒或其他原因的伤害，要及时通知组委会在起点的医疗点，进行救治。

九、需请起点区域政府、公安、交管方面协调事项

（一）需起点区域相关部门协调事项

1. 在5月11日18：00以后，准许搭建主席台、拱门、隔离带、移动厕所等的有关人员及设备进入广场。

2. 为方便搭建公司搭建，协助于5月11日18：00前安排电力，保证电力供应。

3. 于5月11日24：00前拆除影响赛事的临时建筑。

4. 协调好入口问题（可附图）：

5月12日5：30前（安保、安检人员5：30上岗后开始放行）按照赛事规划的出入口均开放，确保各出入口的流畅。安检区包括安检篷房和若干个安检口，每个安检口宽为1米，每个安检口安排一名安检员。运动员通过地面安检区后进入集结区。要确保安检后进入通道通畅，以便运动员入场和控制人流。

5. 于5月12日5：40前提供起点处的电源设备。

6. 协调武警维持12日起点交通和人流的秩序。

7. 协助管理保安人员，赛前对保安人员进行针对马拉松赛事的安保培训。

8. 协助安排保安人员12日对进入赛事管理区的相关人员和车辆进行验证工作。

9. 协助搭建公司赛后大件难拆除设施的暂时存放，待夜间进行拆除和运输。

（二）需要公安、交管部门协调事项

1. 允许12日5：00车辆及赛事有关人员进入起点区域。

2. 允许在比赛当天若干辆厢式货车作为存衣车停放。

3. 相关车辆验车时间安排。

4. 勘察路线的时间安排，需交管局配合派警车协助。

5. 为了配合交管部门恢复交通，组委会除在起点安排收容车跟随上路线之外，还在各关门点（5公里、10公里、20公里、30公里、35公里）安排部分收容车，对运动员进行收容，需交管部门协助安排收容车停放和上路。

6. 需安保人员按照组委会规定对入场运动员进行安检、验证（号码布），控制比赛人员有序进入比赛场地。

7. 收容车于赛前临时停放区域停放。

8. 12日6：00—8：00封闭起点区域，并准许持赛事证件的车辆进入。

十、起点区应急预案

为了确保马拉松比赛起跑仪式的顺利进行，对可能发生的突发事件和紧急情况，特制订如下预案。

1. 如果开跑仪式期间遇到大雨或大雪，采用组委会的应急预案。竞赛委员会委托当地气象部门在赛前3天提供比赛当天的天气预报。及时根据天气情况准备好雨伞和雨具。

2. 如果当天出现人员拥堵、医疗、防火、交通和安全方面的紧急情况，按照疏散的规定，听从现场指挥部的统一指挥和调度，予以解决。

起点工作	负责人	联系电话
现场总指挥		
副指挥		
起点仪式		
综合保障		
运动员集结		
裁判员工作		
新闻宣传、场地搭建		
电视转播		
安保、交通		
医疗、志愿者		

附件　马拉松路线图（略）

方案二：终点工作运行方案

一、终点活动

终点：××

时间：××年5月12日8：30—16：30

序号	活动名称	参加人员	参加人数
1	颁奖仪式（包括演出） 10：30　男子半程马拉松颁奖 10：40　女子半程马拉松颁奖 11：00　男子全程马拉松颁奖 11：15　女子全程马拉松颁奖	各级领导、赞助商、获奖运动员	30人
2	赞助商展示活动	赞助商及媒体合作伙伴	300人

二、终点工作流程

日期	时间	工作内容	负责人
5 月 11 日	3：00 前	所有场地、路面清空障碍	
	17：00	工作用房搭建工作全部完成	
	18：00	各项调试工作结束	
	20：00 前	所有终点标识牌、栅栏搭建完毕	
5 月 12 日	5：30 前	所有路线设备、饮料、水和标志牌出发	
	7：30 前	电视转播人员和器材、车辆到位	
	7：30	场地篷房内的各项物品开始准备	
	8：00 前	终点各项电力、电视等线路畅通	
5 月 12 日	8：00	安保工作启动	
	8：30 前	所有赛前的准备工作全部完成	
	8：30	医疗人员到岗	
	8：30	所有物品准备就绪	
	10：30	男子半程马拉松颁奖	
	10：40	女子半程马拉松颁奖	
	11：00	男子全程马拉松颁奖	
	11：15	女子全程马拉松颁奖	
	11：40	赛后新闻发布会	

三、终点工作指挥系统

（一）指挥部

现场总指挥：

现场副指挥：

工作职责：

1. 负责终点工作的总体指挥、工作调度、情况上报、下达命令。

2. 负责组委会各委员会的综合协调、紧密配合、应急处理。

（二）各项工作负责人及职责

工作内容	负责人	职责
颁奖仪式		1. 负责颁奖仪式按时进行 2. 负责落实参加颁奖仪式的贵宾（包括领导和赞助商） 3. 及时了解和处置仪式中的突发情况
综合保障		1. 负责赛时期间，终点地区场地、电力、音响等设备的保障工作 2. 负责协调赛时终点地区各方面的协调工作 3. 在指挥部领导下，负责指挥、联络、协调退场工作
运动员疏散		1. 负责赛后运动员的疏散 2. 协助裁判组处理现场运动员的突发事件 3. 负责计时芯片的回收工作
裁判员工作		1. 负责裁判员、志愿者在终点的工作 2. 协助电视委员会完成电视转播的工作 3. 协助医疗委员会完成终点医疗工作 4. 负责食品、纪念品的发放工作 5. 负责终点区的组织、管理工作
场地搭建		1. 负责终点场地各项设施的搭建工作 2. 负责终点区环境布置工作
电视转播 新闻宣传		1. 负责终点区各种直播设施的布置和搭建 2. 完成终点区现场直播工作 3. 负责组织、接待记者采访报道工作 4. 负责赛时终点记者区的划分和管理工作
安保交通		1. 负责终点区安全保卫工作，确保赛事活动的安全 2. 负责赛事交通安全管理工作，确保路线畅通，现场车辆调度有序，保证赛事各项活动顺利进行 3. 处理现场发生的涉及爆炸、秩序混乱等突发事件

续表

工作内容	负责人	职责
医疗救护志愿者工作		1. 负责终点区各类人员的急救工作 2. 负责提供竞赛部门志愿者，以便做好现场的管理工作

四、马拉松终点区域图的总体说明

（一）终点出入口及运动员车辆进入路线

赛时整个区域设置若干个安检口和临时开口供运动员或车辆进出终点区域。其中车辆进出口和人员进出口要分开，应注意以下要点。

1. 重点为运动员向终点冲刺位置，因此先导车要让行运动员，先导车需在终点前适当位置停放，运动员继续前行。

2. 保证运动员安全第一；运动员冲过终点后，领取赛后物资，进入开放区，可通过各安检口疏散。

3. 明确赛事功能用车路线和位置，包括：工作车辆、记者车路线和位置；救护车、收容车路线和位置；特邀选手接送车路线和位置；大众运动员摆渡车路线和位置；存衣车路线和位置。

4. 在运动员进入终点和运动员疏散流线处均应设置硬质隔离，以防止出现人员倒流和秩序混乱。

（二）区域划分

根据赛事需要可以将整个终点区简称ZD，配有ZD证件或佩戴号码布的运动员可进入赛事管理区。一般按赛事需要分7个区：1号为竞赛管理区；2号为VIP区；3号为媒体区；4号为观摩区；5号为医疗救护区；6号为混合区，群众及观摩人员可进入此区域，主要包括疏散区域、竞赛管理区以外区域；7号为取存衣区。

（三）颁奖区域

1. 主席台和颁奖区应设硬质隔离5～7米，不允许记者跨越隔离带，以防止颁奖秩序混乱。

2. 在主席台右前方摆设3张桌子，用于摆放奖杯和奖牌（可摆放20个奖杯数量)。

3. 特邀选手到终点后至赛后控制中心休息室休息(国内、国外运动员男女各设置一间休息室)。

五、运动员领取完赛包、芯片回收、取存衣包流程

(一)领取完赛包

运动员抵到终点拱门后,经过终点缓冲区先领取完赛包。在缓冲区内设有饮水站。

(二)领取存衣包

运动员经拱门后可到存衣处凭存衣号码布领取存衣包。存衣帐篷上方标有号码段,按号码段到相应位置领取衣物。乘坐收容车返回终点的运动员也在此领取衣物。完赛运动员在饮水区位置的帐篷内更衣,收容车上运动员在指定帐篷内更换衣物。

(三)芯片回收(如有)

领取完赛包后,运动员进入开放区域,此处适当位置设置芯片回收区,参赛运动员即可按照顺序退还芯片。芯片退还区有硬质隔离保护及帐篷,有30名志愿者同时工作,保证在最短时间内完成芯片回收、退还押金的工作。

(四)终点竞赛管理区搭建及配置要求

1. 需终点位置搭建贵宾、赞助商休息室2间,指挥中心1间,兴奋剂检测中心2间,安保指挥室2间,赛后新闻发布会大厅1个,视频制作室1间,赛后控制中心2间(专业选手、特邀选手男女赛后休息室),共11间(结合实际调整)。每个房间需准备一些矿泉水、开水、茶叶、咖啡、饼干、水果、小点心等。需在以上房间内摆放电视机,并可接收马拉松直播。赛后控制中心每个房间内需摆放2张桌子和若干把椅子,以及水、饮料、食品。

2. 终点计时工作区——为保证计时工作顺利进行,终点将设立两个4米×4米独立的封闭篷房,工作区内需提供电源和足够的桌椅。

3. 准备若干份食品(数量需要根据报名选手数量和完赛率来综合确定),按每位运动员一份(浴巾、1根香蕉、1块米饼、1块巧克力),连同饮料装入一个食品袋,其中部分用于贵宾室、指挥室、选手休息室。

4. 赛事活动视频制作工作室1间(需工作到下午3点左右),备桌子2张,椅子 4 把，电脑用电插板 1 个，瓶装水 20 瓶（房间需提供普通电源）。

六、疏散方案

（一）疏散路线

1. 运动员冲过终点后的疏散路线图；

2. 赛后贵宾（VIP）疏散路线图；

3. 赛后工作人员疏散路线图；

4. 赛后媒体人员疏散路线图；

5. 赛后医疗急救人员疏散路线图；

6. 赛后裁判员、志愿者疏散路线图。

（二）紧急疏散方案

1. 各单位要加强对参加人员的安全教育，遇到紧急情况，不要惊慌，要听从现场安保人员的指挥。现场如出现突发事件，要及时向上报告，并会同现场工作人员迅速进行现场突发事件的调节。

2. 下雨天气根据当天天气情况，运动员可以自行佩戴雨具，贵宾雨具由仪式组统一配备。

3. 打架、疾病、受伤等突发事件。裁判员、志愿者如发现打架事件，应及时进行制止，并报组委会。如出现疾病、晕倒或其他原因的伤害，要及时通知组委会在附近的医疗点，进行救治。

七、竞赛组织需协调事项

（一）需终点场地管理方协调事项

1. 赛事有关的协调工作。

（1）5 月 11 日晚 10 点开始搭建终点用房，请协助安排电力，保证电力供应。

（2）提供大屏幕直播车电力供应，并配备一些调音设备和视频播放设备。

（3）在终点搭建的所有篷房中需配备桌椅、电源。指定篷房中需安装网线、电源及电视机和央视电视信号。

（4）需在指挥中心安装可播放电视直播信号的电视机，并在终点成绩记录和新闻发布大厅安装网线。

（5）物品发放区在沿赛道延长线中央位置搭建若干个帐篷，帐篷外侧围硬质隔离，隔离两侧留80厘米走道再用硬质隔离固定走道宽度。

(6) 第一缓冲区设饮水站桌子10张，为到达终点的运动员提供饮水。

(7) 需要在终点区域配备足够的垃圾桶及垃圾袋。

2. 领奖有关协助工作：长条桌及桌布4张，摆好奖杯，椅子10把，提供并摆好颁奖台，颁奖区域周围设软质隔离。

(二) 需公安、交管协调事项

1. 11日下午2：30进行车辆检查，如需上线要提前安排。

2. 赛前一周允许所有持有有效证件的车辆及赛事有关人员进入终点场地。

3. 运动员开始到达终点后，允许组委会持证车辆由指定道路进入相应的停车区。

4. 5月12日除组委会隔离区域不得随意进入外，终点其他区域对外开放，通过常规安检即可。

5. 车辆按照图示停放在指定停车区。

6. 保障计时人员和设备车辆在比赛当天能够进入各计时点进行设备铺设和回收。10公里——4米宽计时区；15公里——4米宽计时区；21.0975公里——4米宽计时区；30公里——4米宽计时区；35公里——4米宽计时区；终点——8米宽计时区。

7. 为了配合交管部门恢复交通，组委会除了在起点安排收容车跟随上路线之外，还在各关门点（5公里、10公里、20公里、30公里、35公里）安排部分收容车（10辆），对运动员进行收容，需要交管部门协助安排。

8. 协助于5月11日晚，清除终点区域以内的社会车辆，以保障运动员的安全和道路的畅通。

八、电视台需要协调事项

1. 一辆转播车、一辆音频车、两辆光缆终端车、一辆工具车，共4辆车需要停放的位置。

2. 总电力需要60千瓦，三相五线，所用电源终端箱由CCTV负责配备，需要场地提供方电工配合。

3. 5月10日和11日彩排需场地方安排电工配合。

4. 5月12日正式比赛直播，6：30抵达终点处，需要安排电工配合。

5. 马拉松转播车行进途中不得设置拱门，终点前适当位置需安排通道转播车离开赛道。

6. 终点线过后20~50米处，需布置采访背景板。

7. 转播车提前进场后直到直播结束后撤离，需要安排保安人员看护。

8. 摄像机高台的位置需要摆放在竞赛管理区场内，根据现场勘察情况再定。

9. 增加迷你终点转播人员和设备，以保障此处活动和人物转播画面质量。

注：时间安排如下。

5月9日 微波连通试验，8：00—15：00

5月10日 第一次全线彩排预演，7：00到位，8：30开始

5月11日 第二次全线彩排预演，7：00到位，8：30开始

5月12日 正式比赛时间，7：30到位，9：00鸣枪

马拉松终点各工作主要负责人联系方式

终点工作	负责人	联系电话
现场总指挥		
副指挥（1~3人）		
颁奖仪式		
综合保障		
运动员疏散		
裁判员工作		
场地搭建		
电视转播		
安保、交通		
医疗、志愿者		

方案三：搭建工作方案

（本方案中相关数据仅供参考）

一、物料组成

桁架、喷绘、道旗、A 板、舞台板架、地毯、铁马、垫板、台梯、围栏、栅栏、沙袋、电缆、钢架、帐篷、音响、木板、背景板、KT 板、指示牌、LED 屏幕、配电柜、电脑、电源线和信号线、切换器、工具及辅料。

二、搭建工序

（一）舞台搭建工序

清理现场—铺设施工垫布—舞台架体安装—铺台面垫板—铺设展毯—舞台围裙—清理现场。

（二）拱门搭建工序

清理现场—桁架安装—木板造型—贴画面—清理现场—终点 LED 框架安装，大型喷绘画面，侧面喷绘。

（三）赛道沿途搭建工序

清理现场—物料存放—物料安装。

（四）时间安排

1. 设计文件接收时间：4 月 24 日第一批，4 月 28 日第二批。

2. 文件制作时间：4 月 28 日—5 月 5 日。

3. 5 月 6 日开始，物料陆续进入现场。

4. 5 月 8 日开始搭建，至 5 月 11 日所有搭建工作完成。搭建时，每个点约 8 人，具体按实际情况调整。

（五）搭建地点

地点。

（六）搭建路线

1. 全程马拉松路线。

2. 半程马拉松路线。

（七）搭建项目

1. 起点拱门搭建。

拱门搭建标准：250 毫米 ×250 毫米桁架连体结构，安装腿部结构配重 2000 斤河沙，然后上木板造型，喷绘画面，顶部安装 4 条钢丝绳，可以起到防风措施。起点拱门高 3.5 ~5 米，宽 12 ~17 米，黑底喷绘加桁架，底部拉线固定。（附起点拱门搭建图）

2. 迷你终点拱门搭建。

拱门黑底喷绘，桁架固定，防风铁丝绳，高 4 米 × 宽 2 米立柱两个。（附迷你终点拱门搭建图）

3. 半程马拉松终点拱门搭建。

250 毫米 ×250 毫米桁架连体结构，安装腿部结构配重 2000 斤河沙，然后上木板造型，喷绘画面，顶部安装 4 条钢丝绳，可以起到防风措施。（附半程终点拱门搭建图）

4. 全程马拉松终点拱门搭建。

拱门搭建标准：250 毫米 ×250 毫米桁架连体结构，安装腿部结构配重 2000 斤河沙，然后上木板造型，喷绘画面，顶部安装 4 条钢丝绳，可以起到防风措施。终点拱门高 3.5 ~5 米，宽 10 ~17 米，黑底喷绘加桁架，底部拉线固定。（附全程马拉松终点拱门搭建图）

5. 起点舞台搭建。

（1）舞台搭建：传统舞台连体是钢结构搭建，左右两侧上下梯步，铺上连体地毯安装完毕。舞台长 16 米 × 宽 6 米 × 高 1 米，一般采用正常活动舞台，铺灰色地毯。

（2）舞台区背板宽 16 米 × 高 5 米，加黑底喷绘，桁架固定。

（3）阶梯左右两侧用灰色地毯包好，围栏用 KT 板喷绘。

（4）拍照区高 4 米 × 长 10 米，用桁架固定，底部放沙袋。

（附起点舞台搭建图）

6. 全程马拉松、半程马拉松终点舞台搭建。

（1）舞台搭建：传统舞台连体是钢结构搭建，左右两侧上下梯步，铺上连体地毯安装完毕。舞台长 10 米 × 宽 4 米 × 高 50 厘米，一般采用正常活动舞台，铺灰色地毯。

(2) 舞台区背板宽4米×高12米，桁架搭建，喷绘画面，拉线做防风固定。

(3) 阶梯左右两侧用灰色地毯包好，围栏用KT板喷绘。

(4) 摄影台用桁架固定贴KT板，底部放沙袋。

(附舞台搭建图)

(八) 赛道项目

清理现场，赛前准备好物料，运输存放到裁判指定的位置，并安装固定。

(九) 应急方案

1. 物料方面：关键物料备足并略有盈余，就近选择备用供应商。

2. 人员方面：统一到位，并在搭建完成后留在现场随时准备解决突发事件。

3. 管理方面：执行负责人亲自监督设计制作及搭建的整个过程，统筹安排、明确分工，制作详尽的《搭建活动执行时间推进表》，并按表中既定内容落实操作。

4. 技术方面：除正常搭建工序外，另用沙袋压底和钢丝加固。

5. 安全方面：大结构物件按平整顺序竖起，检查安全和平整度。涉及用电安全部分，选用专业电缆防止漏电，并做安全标识。

方案四：竞赛车辆使用方案

一、竞赛组用车分类需求表

日期	时间	使用部门	车型	数量(辆)	用途
赛前一周		竞赛	大巴车	2	主裁判会
赛前一周		志愿者	大巴车	2	核心医疗志愿者培训
赛前一周	至赛事结束	组委会	轿车	若干	办公

续表

日期	时间	使用部门	车型	数量（辆）	用途
赛前3天	8：00—19：00	志愿者	中巴车	3	马博会接送志愿者
赛前4天	8：00—19：00	竞赛	厢式货车	1	运动员参赛物资
5月10日	8：00	竞赛	大巴车	1	特邀选手训练
5月11日	18：00	竞赛	厢式货车	5	完赛包运终点
5月11日	12：00	志愿者	大巴车	1	接送起终点饮料站志愿者
5月11日	8：00—19：00	志愿者	中巴车	1	当日马博会接送志愿者
5月11日	13：15	竞赛	大巴车	1	起点、检录、发令、饮料（赛前勘察）
5月11日	13：15	竞赛	大巴车	2	各饮料站5～20公里（赛前勘察）
5月11日	13：15	竞赛	中巴车	1	半程终点、存衣（赛前勘察）
5月11日	13：15	竞赛	大巴车	1	全程终点、存衣（赛前勘察）
5月11日	13：15	竞赛	大巴车	2	引导、途中检查、录像（赛前勘察）
5月11日	13：15	竞赛	大巴车	1	各饮/用水站（赛前勘察）
5月11日	13：15	竞赛	大巴车	1	收容、迷你终点、秘书处（赛前勘察）

续表

日期	时间	使用部门	车型	数量（辆）	用途
5月11日	13：30	竞赛	厢式货车	若干	各站点桌子、饮料、器材等装车
5月11日	13：30	竞赛	大巴车	1	教练、领队、特邀选手看路线
5月11日	17：00	竞赛	厢式货车	1	收自备饮料
5月11日	17：00	志愿者	面包车	1	接送自备饮料，收存志愿者
5月11日	22：00以后	选手服务	厢式货车	5	马博会撤场运输
5月12日	5：30	志愿者	大巴车	若干	竞赛志愿者
5月12日	5：30	志愿者	大巴车	1	芯片计时、兴奋剂检测
5月12日	5：30	志愿者	大巴车	1	颁奖、物品发放
5月12日	5：30	志愿者	大巴车	若干	医疗救护志愿者
5月12日	5：30	竞赛	大巴车	3	裁判员
5月12日	6：00	竞赛	翼式货车	若干	大众选手存衣车
5月12日	6：00	竞赛	厢式货车	3	特邀选手存衣车 收尾存衣车
5月12日	6：30	竞赛	大巴车	1	特邀选手摆渡车
5月12日	7：00	竞赛 （起点序列车）	SUV	1	男先导车
5月12日	7：00	竞赛 （起点序列车）	SUV	1	女先导车
5月12日	7：00	竞赛 （起点序列车）	小车	1	赛事主管

续表

日期	时间	使用部门	车型	数量（辆）	用途
5月12日	7：00	竞赛（起点序列车）	小车	1	技术代表
5月12日	7：00	竞赛（起点序列车）	小车	1	技术代表
5月12日	7：00	竞赛（起点序列车）	小车	1	裁判长助理
5月12日	7：00	竞赛（起点序列车）	小车	1	沿途检查
5月12日	7：00	竞赛（起点序列车）	小车	1	沿途检查
5月12日	7：00	竞赛（起点序列车）	小车	1	沿途车辆检查
5月12日	7：00	竞赛（起点序列车）	小车	1	国际路跑技术官员
5月12日	7：00	竞赛（起点序列车）	小车	1	仲裁
5月12日	7：00	竞赛（起点序列车）	小车	1	仲裁
5月12日	7：00	媒体（起点序列车）	摄影记者车（中巴车）	1	记者摄影
5月12日	7：00	媒体（起点序列车）	文字记者车（中巴考斯特）	1	记者文字采访
5月12日	7：00	媒体（起点序列车）	卡车	1	记者摄影

续表

日期	时间	使用部门	车型	数量（辆）	用途
5 月 12 日	7：00	媒体（起点序列车）	小车（天窗）	2	体育新闻拍摄
5 月 12 日	7：00	起点序列车	救护指挥车	1	沿途指挥救护
5 月 12 日	7：00	起点序列车	救护车	4	沿途救护
5 月 12 日	7：00	竞赛（起点序列车）	大巴车	27	收容车
5 月 12 日	7：00	起点序列车	摩托车	1	电视摄像
5 月 12 日	7：00	起点序列车	电视转播车	1	电视摄像
5 月 12 日	7：00	起点序列车	电视转播车	1	电视摄像
5 月 12 日	7：00	起点序列车	电视车	1	电视摄像
5 月 12 日	7：00	起点序列车	电视车	1	电视摄像
5 月 12 日	7：00	起点序列车	电视车	1	电视摄像
5 月 12 日	7：00	竞赛	中巴车	1	经纪人、教练前往终点，赛后送回酒店
5 月 12 日	10：00	竞赛	面包车	1	迷你终点至沿线送裁判午餐
5 月 12 日	14：00	竞赛	厢式货车	24	沿途物资物料回收
5 月 12 日	全天	媒体	小车（北京现代）	1	颁奖用品运输
5 月 12 日	全天	媒体	中巴车	1	接送礼仪
5 月 12 日	全天	竞赛	大巴车	1	接送赛事观摩人员
5 月 12 日	全天	竞赛	中巴车	1	VIP 观摩人员
5 月 12 日	全天	媒体	中巴车	1	央视
待定	全天	竞赛	小车	1	丈量员

续表

日期	时间	使用部门	车型	数量（辆）	用途
5月12日	全天		中巴车	2	机动
5月12日	全天		小车	1	机动

二、竞赛用车安排注意事项

1. 竞赛部内部工作车辆：确定使用日期，交由专人管理统一调配。

2. 裁判用车交由赛事主管使用和调配，其中：

5月10—11日：大巴车、中巴车和厢式货车由组委会租赁。

5月12日：赛道序列车（赞助商提供）由专人负责确保到位。

3. 5月12日存衣车原则上由交通局协调公交公司提供，交由裁判管理。

4. 5月12日接驳车原则上由交通局协调公交公司提供，由使用单位进行调度管理。

5. 物资运输车由组委会租赁，由使用单位进行调度管理。原则上应按起点、终点和赛道来划分并指定专人调度，确保赛事物资按时到位。

三、用车接收及转运方案

（一）赞助商用车

联系人：

1. 赞助商小轿车需要确认时间地点提车（不提供司机）。

2. 5月11日18：00前由赞助商开至具体指定停车场，供竞赛部使用（配司机）。

附件《司机通讯录》

（二）租赁用车

联系人：

1. 5月10日、11日8：30—16：00需配备车辆用于裁判看赛道。

2. 5月11日8：30—18：00需配备大巴车用于裁判和志愿者看赛道。

3. 5月11日、12日器材、物资运输车辆。

（三）交通局协调公交公司提供用车

联系人：

1. 5 月 9—11 日外地参赛接驳用车辆，分别由高铁站和机场至马博会现场。

2. 5 月 12 日提供选手接驳车若干辆，用于赛后选手返回市区。

3. 5 月 12 日 8：30—18：00 裁判、志愿者接驳车辆。

4. 5 月 12 日提供存衣车，需于 5 月 12 日 5：30 之前停放于具体位置。

方案五：赛道工作方案

一、工作职责

1. 负责制订赛道工作方案，并组织实施。

2. 负责制订沿途置物方案，确定沿途标识牌、分段计时点、临时厕所等设备、设施的设置和摆放。

3. 负责跟踪与落实计时、医疗、厕所、喷淋、降温车等设施、设备的验收与摆放工作。

4. 负责赛道物资（饮料、水、补给品、海绵等相关物资）的验收、打包、运输与摆放工作。

5. 负责赛道工作人员的统筹分工与管理工作，含裁判、志愿者、赛道摄像、计时人员、喷淋人员、降温人员、保洁人员等的输送、管理与协调工作。

6. 负责处理赛道中出现的各类问题，包含应急问题、技术问题等。

7. 负责赛道分流点、折返点的隔断设置方案落实及物资配备。

二、分工

一组负责人：

1. 负责与裁判沟通摆放赛道指示牌、公里牌、分流牌时间，并落实、协调裁判和广告供应商摆放情况。

2. 负责跟踪与落实计时、厕所、喷淋、降温车等设施、设备的验收与摆放工作。

3. 负责赛道工作人员的统筹分工与管理工作，含裁判、志愿者、赛道摄像、计时人员、喷淋人员、降温人员、保洁人员等的输送、管理与协调工作。

4. 负责处理赛道中出现的各类问题，包含应急问题、技术问题等。

二组负责人：

1. 负责制订本组工作方案，并组织实施。

2. 负责前半段赛道物资，含迷你终点补给（饮料、水、补给品、海绵等相关物资）的采购、验收、打包、运输与摆放工作。

3. 落实前半程沿途补给点布置标准，并协调布置广告供应商工作。

4. 负责处理赛道中出现的各类问题，包含应急问题、技术问题等。

5. 负责赛道分流点、折返点的隔断设置方案落实及物资配备。

三组负责人：

1. 负责制订本组工作方案，并组织实施。

2. 负责后半段赛道物资，含迷你终点补给（饮料、水、补给品、海绵等相关物资）的采购、验收、打包、运输与摆放工作。

3. 落实后半程沿途补给点布置标准，并协调布置广告供应商工作。

4. 负责处理赛道中出现的各类问题，包含应急问题、技术问题等。

5. 负责赛道分流点、折返点的隔断设置方案落实及物资配备。

三、时间计划表

工作内容	时间节点	责任人
核对赛道物料清单及分站物资清单	4 月 28 日	
监督落实赛道物资的采买工作	5 月 1 日	
完成赛道工作方案的制订与确认	5 月 1 日	
完成与裁判组的协议和合作内容确认	5 月 2 日	
完成对赛道点位的标识增加工作	5 月 5 日	
监督与落实所有赛道物资的入库和验收工作	5 月 8 日	
完成赛道物资的装车工作	5 月 11 日 20：00	
实施上半段赛道补给点物资运输工作	5 月 12 日 0：00	

续表

工作内容	时间节点	责任人
实施下半段赛道补给点物资运输工作	5月12日0：00	
对接落实裁判实施赛事标识牌摆放工作	5月12日0：00	
对接落实计时、喷淋布置工作	5月12日4：00	
监督与落实所有赛道物资就位	5月12日4：30	
裁判员与志愿者就位	5月12日5：30	
完成赛道服务工作	5月12日13：45	
完成赛道人员、物料的回收、输送工作	5月12日	

四、赛道布置（数字仅供参考）

（一）赛道补给点布置、终点补给点运输

布置时间：5月12日凌晨0：00；

站点数量：18个（含全程、半程、迷你终点补给站）；

站点物资：详见赛道物资清单；

布置车辆：货车25辆、工人75人、司机25人；

布置方式：车辆编号—仓库装箱—运输到点位—工人下货—检查；桌子、桌布、垃圾池等由广告供应商统一运输。

（二）公里牌、指示牌、门楣布置

布置时间：5月12日凌晨0：00（预计）；

数量：公里牌42块、指示牌31个、分流牌8个、门楣22个；

布置车辆：广告供应商车辆自行运输；

布置方式：厂商装车—运输到点位—工人下货—摆放正确—检查。

（三）计时点布置

布置时间：5月12日凌晨4：00；

数量：CP点14个；

物资：计时地毯、喷淋设备、锥桶；

布置车辆：由计时供应商自行接送。

（四）喷淋点布置

布置时间：5 月 12 日凌晨 4：00；

数量：喷淋点 8 个；

物资：喷淋设备、水源、储水桶（1.5 米）、电源（发电机）；

布置车辆：由计时供应商自行运输、搭建。

（五）移动厕所布置

布置时间：5 月 12 日凌晨 0：00；

数量：移动厕所 37 个；

物资：移动厕所；

布置位置：详见赛道移动厕所点位图；

布置车辆：由移动厕所供应商自行运输、组装。

（六）赛道医疗点布置

布置时间：5 月 12 日凌晨 0：00；

数量：赛道医疗点 22 个、救护车 20 辆、AED 50 台；

物资：帐篷、门楣等；

布置位置：详见赛道医疗点点位图；

布置车辆：由后勤搭建组运输、组装。

（七）降温车布置

布置时间：5 月 12 日凌晨 4：00；

数量：降温车 4 辆；

物资：水；

布置位置：详见赛道降温点位图；

布置车辆：由供应商自行运输。

五、赛道撤场

（一）物资撤离

补给点物资：各站点布置车辆，将运送物资卸下之后，就近停靠，待组委会通知该赛段解封后，由赛道组通知该车辆装运对应站点物资回仓库，并清点。

广告供应商物资：待组委会通知该赛段解封后，由赛道组通知广告供应商负责人进场撤场。

（二）人员撤离

志愿者由各自所协助的裁判组撤离，并听从裁判安排；医疗人员统一听取赛事医疗指挥中心撤离通知。

六、工作需求

事项	时间节点	负责人	协助部门
物资运输用车 25 辆（中型厢式货车）、工人 75 人、司机 25 人	5 月 4 日		
A4 大小夜间反光贴：内容（1～42 公里；7.5 公里；12.5 公里；17.5 公里；22.5 公里；27.5 公里；32.5 公里；37.5 公里；折返点 3 张） 共计：52 张	5 月 5 日		
车辆需求：电瓶车 2 辆	5 月 11 日		

七、赛道物资应急预案（略）

方案六：赛前新闻发布会工作方案

一、新闻发布会概况

名称：马拉松赛前新闻发布会

时间：2019 年 5 月 11 日（周六）上午 10：00

地点：

二、邀请领导和嘉宾（拟定）

国家体育总局田径运动管理中心领导

省体育局领导

市人民政府领导

市公安局、交通局、体育局等部门领导

赛事主管部门领导

赛事公司领导

赞助商代表

三、新闻发布会议程（拟定）

主持人：待定

09：30—10：00 嘉宾签到；

10：00—10：05 主持人开场，介绍出席领导和嘉宾；

10：05—10：15 省体育局领导发布赛事整体筹备情况和比赛期间的交通管制方案；

10：15—10：25 赛事主管部门领导公布赛事亮点（包括补给、装备、特色活动等）；

10：25—10：30 跑团亮相、授旗；

10：30—10：35 嘉宾合影，致结束词。

四、拟邀请媒体

（一）中央媒体

新华社、中新社、人民网。

（二）地方媒体

1. 广播电视媒体：央视、省卫视、市卫视等。

2. 平面媒体：省日报、市日报等。

3. 网络媒体。

五、需要准备的资料

1. 赛事整体筹备情况汇编。

2. 交通管制方案定稿。

3. 赛事亮点汇编稿。

4. 赛前新闻发布会会场确认及布置方案。

六、需要确认的事宜

1. 确认国家体育总局田径运动管理中心、省体育局、市体育局等相关单位领导邀请。

2. 确认上台领导名单和座位安排确定。

3. 确认会议时间及场地。

方案七：赛期宣传方案计划表（赛前30天）

序号	内容	发稿平台	发布时间
1	兔子名单公布	自媒体	4月12日
2	相关旅游文化产品发布	官微互推、主流门户	4月12日 4月26日
3	赞助商稿件	官方微信	根据实际情况
4	跑者与体育摄影的征集稿件	自媒体、当地纸媒、网媒	5月3日
5	马拉松准备情况公告	自媒体、当地纸媒、网媒	5月3日
6	赛前一周的训练计划与营养补给	自媒体、当地纸媒、网媒	5月4日
7	公益活动发声	自媒体、当地纸媒、网媒	5月4日
8	特色活动	自媒体、当地纸媒、网媒	5月5日
9	马拉松 KOL 探线活动	自媒体	5月6日
10	赛事沿途特色补给、沿途表演介绍	自媒体、当地纸媒、网媒	
11	志愿者的培训，以专业来服务选手	自媒体、当地纸媒、网媒	5月7日
12	马博会的介绍，突出亮点	自媒体、当地纸媒、网媒	
13	交通管制的信息提示（头条）	自媒体、当地纸媒、网媒	5月8日
14	马拉松前三日气象的提前预报	自媒体、当地纸媒、网媒	
15	马拉松赛程全攻略（含有比赛所有流程及注意事项，如衣服存储、检录时间、热身如厕）	自媒体、网媒	5月10日
16	赛前排空，科学补液	自媒体、当地纸媒、网媒	

续表

序号	内容	发稿平台	发布时间
17	赛前新闻发布会通稿	自媒体、当地纸媒、网媒	5月11日
18	“我们在这里等着你”——组委会的工作花絮	自媒体、网媒	
19	“蹭跑”“替跑”存风险	自媒体、当地纸媒、网媒	
20	赛事活动新闻通稿	自媒体、当地纸媒、网媒	5月12日
21	冠军采访稿	自媒体、网媒	
22	国家体育总局、省体育局或市政府相关领导采访稿	自媒体、网媒	
23	冲刺瞬间、亲吻奖牌的图集	自媒体、网媒	5月13日
24	感谢警察、医师、志愿者等工作人员的图文集	自媒体、网媒	
25	边跑步边旅行的图集	自媒体、网媒	
26	总结赛事亮点，“体育+旅游”等综合	日报整版专题	
27	完赛数据的分析	自媒体、当地纸媒、网媒	5月13日

方案八：宣传应急方案

一、主要目的

及时应对马拉松中出现的突发事件，正面引导媒体宣传报道及社会舆论，有效减少因突发事件而对赛事带来的社会负面影响。

二、指导思想

“及时准确、正面引导、快报事实、慎报原因”，力争在第一时间发布权威信息，提高时效性，增加透明度，抢占舆论制高点，掌握舆论引导主动权。

三、工作机制

（一）成立宣传应急小组，小组成员拟为：省体育局领导、市委宣传部领导、赛事公司领导。

（二）组委会新闻发言人：建议由省体育局或市委宣传部领导担任。

（三）工作流程：针对突发事件查明原因，拟定宣传口径后迅速对外发布信息，接受媒体采访（必要时召开新闻发布会）。

（四）汇报流程：赛事公司（对接人姓名）—省体育赛事中心（对接人姓名）—省体育局（对接人姓名）—中国田径协会主管部门（对接人姓名）。

（五）信息发布渠道：官方平台；CCTV5、新华社、中新社、新浪网、腾讯网、凤凰网、网易、省日报、市日报、市电视台。

（六）赛时媒体中心：比赛起点。

四、实施举措

1. 密切关注舆情，重点监控新媒体传播，联合新浪微博进行舆论风险控制。

2. 针对有可能发生的事件及时准备稿件，提前联系官方合作媒体发稿。

3. 积极发掘正面信息，制造明星、励志人物参赛等其他赛场关注点，对比赛热点进行有规划的推荐。

五、宣传应急通稿

马拉松重大事件应急通稿（框架稿）

5 月 12 日______时许，在 × × 马拉松比赛过程中，因________原因造成________事故，目前__________。

事故发生后，中国田径协会、省体育局、市人民政府及相关部门高度重视，________指示要________，________，________，________。________带领市________、________、________、________和________部门领导在第一时间赶赴现场，组织指挥处置，________。截至________时许，事故现场已处理完毕，情况__________。

救援人员________、________等单位，______时______分第一批队员到达现场。事故处置后没有潜在危害、现场做出的主要措施有____________。

事故发生后不同时段，现场情况是__________。治疗人员的去向是__________医院______人，__________医院____人。

事故原因目前正在调查中。

方案九：颁奖仪式方案

（以马拉松项目为例）

一、时间、地点

时间：5 月 12 日上午 10：40—11：30

地点：

二、颁奖时间

男子全程马拉松：11：00—11：08

三、主持人

主持人（大型赛事双语主持人）：

四、颁奖流程

10：40—10：50　主持人宣布颁奖仪式在 10 分钟后举行，确认前三名获奖选手信息

10：50—10：52　主持人开场词，介绍颁奖嘉宾

10：58—11：00　男子颁奖嘉宾在领奖台右侧准备

11：01—11：08　主持人宣布全程男子前三名获奖者：

主持人邀请：

________为获奖者三、二、一名颁发奖牌

________为获奖者三、二、一名颁发奖杯

________为获奖者三、二、一名颁发支票板

11：09—11：11　嘉宾与获奖运动员合影留念

11：12　请嘉宾、获奖运动员退场

11：13—11：15　女子颁奖嘉宾在领奖台右侧准备

11：16—11：23　主持人宣布全程女子前三名获奖者：

主持人邀请：

________为获奖者三、二、一名颁发奖牌

________为获奖者三、二、一名颁发奖杯

________为获奖者三、二、一名颁发支票板

11：23—11：25　嘉宾与获奖运动员合影留念

11：26　请嘉宾、获奖运动员退场

五、颁奖领导名单（拟定）

时间	项目	颁奖内容	颁奖领导	职务
11：00	男子马拉松	奖牌 奖杯 支票		
11：15	女子马拉松	奖牌 奖杯 支票		
温馨提示	1. 颁奖项目现场只为获得前三名的运动员颁奖； 2. 综合考虑电视直播时段安排、确保当地重要领导能颁奖出镜及全程奖是最高奖等因素，拟安排相同的当地领导对半程和全程进行颁奖，因此相关领导从出席起跑仪式至颁奖完毕将需要在现场活动约 3 小时（根据领导出席活动落实情况稍做微调）。			

方案十：医疗保障基本方案

（以海南三亚马拉松急救方案为模板）

一、赛事医疗保障基本情况介绍

赛事共计分全马、半马、迷你马三个组别。本届马拉松参赛总人数约为 20000 名，其中全程马拉松约 5000 名、半程马拉松约 7000 名、迷你马拉松约 8000 名。结合实际参赛情况以及以往的马拉松的经验，本次赛事医疗保障共动用：标准救护车 25 辆、医疗点 23 个、AED 总数 50 台（不包括救护车内的手动除颤监护仪）、医务人员总人数 207 人、医疗志愿者总人数 600 人、医疗对讲机 90 台、急救马甲 220 件。

二、建立马拉松赛道快速急救反应指挥系统

目的：对于心脏骤停的选手一定完成3分钟内有效的电击除颤，对于热射病的选手10分钟内要快速降温，半小时内送到医院进行有效的综合救治。

（一）建立可靠、快速、直接的通信系统

1. 每个救护车、每个医疗救护站、所有使用AED的人员、现场指挥车、总指挥部、裁判组、120指挥中心都要配备1台医疗对讲机，并且配有专人负责接听和转接。

2. 没有对讲机的医疗观察员遇到突发事件第一时间统一拨打120指挥中心，120指挥中心有专人负责接听，问清楚后使用医疗对讲机进行直接通报，这样基本可以在30秒内完成马拉松全赛道准确的突发事件的通报。

3. 每一个使用医疗对讲机的人员要录入其手机号以备对讲机失灵的时候紧急通信。

（二）赛道快速反应指挥系统

马拉松赛道急救指挥系统需要扁平指挥，一般要求赛道现场指挥车在接到突发事件通报后10秒做出快速反应，调动附近的救护车或者AED在3分钟内赶到突发事件地点。

1. 设立赛道内快速反应指挥车：赛道急救指挥车可以指定其中1辆救护车担任，急救指挥车必要时可以临时参加紧急救助，但不负责转运患者，也不承担具体位置的医疗保障。赛道指挥车最好不要放在起终点，因为声音嘈杂，信号不好，对讲机和手机难以听清楚，最好放在马拉松赛道的危险地段，半程马拉松建议放在17～18公里处，全程马拉松先放在17～18公里处，待半程马拉松差不多结束的时候移动到37～39公里处。

2. 赛道急救指挥车人员配置：除常规的救护车人员配置外，指挥人员配置主要包括：卫健委负责人、120中心负责人、马拉松赛事医疗保障专家、标图人员。卫健委负责人主要调动医疗点人员，120中心负责人主要调动救护车，赛事医疗保障专家负责处理赛道突发事件，标图人员主要标记赛道救护车的运行位置。赛道发出的急救命令基本都是以上人员共同的决定。

3. 赛道指挥车与总指挥部时刻保持联系：总指挥部应该有专门医疗方面的负责人与警察系统、竞赛系统、马拉松赛道外的突发事件进行直接快速的协调和

对接，马拉松赛中经常遇到医疗急救与安保系统发生冲突的问题。

三、马拉松赛道现场急救原则和方法

（一）急救原则

1. 马拉松的赛道急救分三级保障制度。救护车和 AED 主要负责心脏骤停的急救，医疗点主要负责没有生命危险的救助，医疗志愿者主要是观察意外事件，确保快速、准确地通报指挥车，以及负责喷利多卡因气雾剂和心理疏导。

2. 马拉松赛道抢救心脏骤停的选手前 10 分钟内主要强调马拉松赛道现场的快速除颤和有效的胸部按压，尤其是心脏骤停濒死前的喘息状态更是不能马上救护车转运，应立即心颤电击除颤和胸部按压，待抢救成功恢复自主呼吸后才能考虑急救车转运。

3. 热射病的抢救原则：现场和转运途中快速降温，3 小时内医院有效的综合治疗。

（二）现场急救方法

快速除颤，有效心脏按压，快速降温。

（三）马拉松所有医务人员赛前培训和演练

所有救护车医务人员包括司机、医疗点人员、使用 AED 的医疗人员，赛前都要经过一次 4 小时的马拉松标准化培训，尤其是使用 AED 的每一个医务人员都要现场考试，合格后方可上岗。培训的重点内容为：马拉松赛道急救与医院内急救的区别，马拉松赛道的抢救要点及原则，马拉松赛道救护车的转运原则及转运指征，对讲机的使用注意事项，赛道复杂环境下使用 AED 注意事项，常态急救与非常态急救的区别，马拉松实战急救的经验介绍等。

（四）马拉松所有 AED 使用人员赛前实战考试

1. 尽管许多医务人员都使用过手动除颤器，但是对于 AED 的认知和赛道使用 AED，许多医务人员并不十分了解，不同型号的 AED 使用的方法也不尽相同，而赛道上的急救是争分夺秒的，不能犹豫，所以每个使用 AED 的人员，无论是否是医务人员都需要在赛前进行 2 小时的严格培训，并且考试合格。

2. AED 培训具体详见《AED 使用方法及注意事项手册》。

（五）马拉松所有医疗志愿者赛前培训

四、救护车行驶线路以及定点救治医院的预案

1. 所有的救护车赛前要进行全赛道演练并熟悉去医院的各条路线，同时医疗组要制订出比赛当天医院的转运路线，让各个救护车司机熟练掌握。

2. 最好要求交警协助救护车到医院的转运路程。

3. 各级医院的急诊科或者ICU要留出相应足够的床位，组织专家重温心脏骤停以及热射病的抢救及后续的综合治疗。

方案十一：医疗保障需求方案

开赛时间5月12日，参赛人数全马5000人，半马5000人，迷你10000人，结合往年的经验、教训，以及今年的实际环境气温，特需求以下医疗保障资源，具体见马拉松医疗保障方案综合表格。

一、标准救护要求

标准救护车24辆，包含1辆指挥车，车内配备人数72人——此项目由当地卫健委负责招募。

1. 每一辆救护车的赛道具体位置详见保障方案综合表格。

2. 救护车内的人员配置为1医1护1司机。

3. 救护车内药品及器械配备详见附表（马拉松救护车物品配置表），其中重点强调的是：除颤器、氧气袋（不是氧气瓶）、常规抢救药品、冬眠针剂、足够的化学冰袋、5瓶250毫升的生理盐水、2袋500毫升的冰盐水、5支输液器。如果救护车内没有除颤器或者除颤器可能不好用或者除颤器固定在车内拿不下来，请提前告知，组委会可以配备AED。

4. 如果是外地借用的救护车，希望卫健委以书面的形式把救护车的要求写清楚告知对方，并要求提前一天到达参加培训和赛道演练。

二、医疗点

医疗点22个，配备医疗点的医务人数92人——此项目由当地卫健委负责招募。

1. 每一个医疗点的赛道具体位置详见保障方案综合表格。

2. 每一个医疗点内的人员配置数量详见保障方案综合表格。

3. 医疗点内药品及器械配备详见附表（马拉松医疗站物品配置表），其中重点强调的是：AED（由组委会提供）、氧气袋（不是氧气瓶）、足够的化学冰袋、利多卡因气雾剂。

4. 医疗点医务人员的配备不是医生、护士平均分配，但半程和全程终点前方5公里内的医疗点，以及终点内医疗点的医务人员最好来自：急诊、ICU、心内科、麻醉科，非临床科室的人员不准配备在赛道所有医疗点上。

三、赛道移动AED医务人员

赛道移动AED医务人员28人——此项目由当地卫健委负责招募。

1. 移动AED人员要从临床科室选拔，最好以年轻护士为主。

2. 移动AED人员要会骑电瓶车。

3. 移动AED人员赛前每个人要参加AED实战演练和考试。

四、赛道收容车配备医务人员

赛道收容车配备8名医务人员（每一辆车配1名）。

1. 收容车上医务人员配备护士、医生都可以。

2. 收容车上医务人员赛前参加培训，在收容车上配备速效救心丸、冰袋和利多卡因气雾剂。

五、赛道医疗志愿者

赛道医疗志愿者600人——此项目由组委会负责招募。

1. 赛道医疗志愿者的赛道具体分布位置详见保障方案综合表格。

2. 赛前医疗志愿者的专项培训时间放在赛前一周，由赛事医疗救助专门机构负责完成。

3. 赛道医疗志愿者要配有明显的“急救标识”，要配备冰袋和利多卡因气雾剂。

4. 赛道医疗志愿者要配备医疗急救志愿者手卡。

六、赛道急救跑者

赛道急救跑者88名——由赛事医疗救助专门机构负责招募和审核。

1. 所有赛道急救跑者需要提供合格的马拉松成绩证明。

2. 所有赛道急救跑者需要提供合格的体检证明。

3. 所有赛道急救跑者需要提供合格的急救资质证明。

4. 所有赛道急救跑者需要赛前经过专门的培训。

七、赛事医疗物资的准备

1. 赛事24辆救护车、22个医疗点的92名医务人员，28名移动AED人员，8名收容车的医务人员由卫健委负责招募。

2. 赛事600名医疗志愿者由组委会和团委负责招募。

3. 赛事的常规药品由卫健委负责准备，但额外需要2000瓶利多卡因气雾剂、3000个化学冰袋需要协商准备。

4. 赛事的70台AED、100台医疗对讲机、250件急救马甲、救护车车号贴、600张急救志愿者手卡、100张医疗分布卡由赛事医疗救助专门机构负责提供。

八、赛事的医疗保障培训

1. 赛事所有医务人员的常规培训由卫健委自行组织完成，时间最好不要放在赛前1周，不要和马拉松赛专业培训发生冲突。

2. 赛事所有医务人员的马拉松专业培训、AED考试、救护车赛道实战演练由赛事医疗救助专门机构负责完成，培训时间为1整天，在赛前3天内完成。

3. 医疗志愿者、公安、裁判员、工作人员的医疗培训由赛事医疗救助专门机构负责完成，在赛前1周内完成。

4. 急救跑者的培训由赛事医疗救助专门机构负责完成，在赛前头1天晚上完成。

附件1：马拉松医疗保障方案综合表格

赛道公里点（公里）	救护车编号	医疗点编号	医疗点医务人员数量	AED编号	电瓶车编号	医疗志愿者人数	备注
起点	1（领全马）					30	
	2（跟半马）						
1	3（跟迷你）					10	
2		1	3	G1	1	10	

续表

赛道公里点（公里）	救护车编号	医疗点编号	医疗点医务人员数量	AED编号	电瓶车编号	医疗志愿者人数	备注
3				Y2	2	10	
4（迷你分道口）	4					10	
4.5（迷你赛道）							
5（迷你终点）	5	2	8	G3		20+10（赛途）	
5		3	3	G4	3	10	
6				Y5	4	10	
7				Y6	5	10	
7.5		4	3	G7	6		
8	6					10	
9				Y8	7	10	
10		5	3	G9	8	10	
11	7					10	
12				Y10	9	10	
12.5		6	3	G11	10		
13				Y12	11	10	
14	8					10	
15		7	4	G13	12	10	
16				Y14	13	10	
16.5（右转弯处）	9						
17				Y15	14	10	
17.5		8	4	G16	15		
18				Y17	16	10	

续表

赛道公里点（公里）	救护车编号	医疗点编号	医疗点医务人员数量	AED编号	电瓶车编号	医疗志愿者人数	备注
18.5	10			Y18	17		
19				Y19	18	10	
19.5				Y20	19		
20		9	4	G21	20	10	
20.5（半马全马分道口）	11			Y22	21	10	
21（半马赛道）	12			Y23	22	10	
半程终点	13	10	7	G24		30	
		11	7	G25			
21（全马）						10	
22						10	
22.5		12	3	G26	23		
23				Y27	24	10	
24	14					10	
25		13	3	G28	25	10	
26				Y29	26	10	
27	15					10	
27.5		14	3	G30	27		
28				Y31	28	10	
29				Y32	29	10	
29.5	16						
30		15	3	G33	30	10	
31				Y34	31	10	

续表

赛道公里点（公里）	救护车编号	医疗点编号	医疗点医务人员数量	AED编号	电瓶车编号	医疗志愿者人数	备注
32	17					10	
32.5		16	3	G35	32		
33				Y36	33	10	
33.4（折返）	18						
34						10	
35		17	4	G37	34	10	
36				Y38	35	10	
37	19					10	
37.5		18	4	G39	36		
38				Y40	37	10	
38.5				Y41	38		
39	20			Y42	39	10	
39.5				Y43	40		
40		19	4	G44	41	10	
40.5				Y45	42		
41	21			Y46	43	10	
41.5				Y47	44		
42		20	4	G48	45	11	
42.195（全程终点）	22	21	6	G49		30	
	23	22	6	G50			
指挥车	24						
合计	24辆	22个	92人	50台	45辆	561人	

附件2：马拉松救护车物品配置表

序号	物品名称	规格	数量	备注
1	听诊器	只	1	
2	血压计	只	1	
3	压舌板	个	若干	
4	手术剪	把	1	
5	电子体温枪或体温计	个	1	
6	一次性无菌手套	双	若干	
7	无菌敷料	块	若干	
8	各种型号一次性注射器	副	若干	
9	各种型号一次头皮针	只	若干	
10	棉签	包	若干	
11	化学冰袋	袋	不低于20	
12	创口贴	片	若干	
13	动静脉留滞针	支	若干	
14	碘伏消毒液	瓶	1	
15	砂轮	片	1	
16	胶布	卷	若干	
17	纱布绷带	卷	若干	
18	弹力绷带	卷	若干	
19	橡胶止血带	根	若干	
20	一次性鼻氧管及连接头	根	若干	
21	氧气袋	个	1	
22	氧气（10升）	瓶	1	
23	给氧装置	套	1	
24	呼吸球囊面置	套	1	
25	保温毯或棉被	个	若干	

续表

序号	物品名称	规格	数量	备注
26	清创包	只	1	
27	心电监护除颤仪或 AED	台	1	
28	三角巾	条	2	
29	气管插管包	套	1	
30	便携式心电图机	台	1	
31	颈托	只	1	
32	夹板	个	1	
33	便携式瑜伽垫	个	1	
34	担架	台	1	
35	快速血糖监测仪	台	1	
36	矿泉水	瓶	10	

序号	药品名称	规格	数量	备注
1	肾上腺素针	1mg/1mL	5 支	
2	去甲肾上腺素针	2mg/1mL	5 支	
3	异丙肾上腺素针	1mg/2mL	5 支	
4	多巴胺针	20mg/2mL	5 支	
5	阿托品针	0. 5mg/1mL	5 支	
6	地塞米松针	5mg/1mL	5 支	
7	西地兰针	0. 4mg/2mL	5 支	
8	氨茶碱针	0. 25g/10mL	5 支	
9	尼可刹米针（可拉明）	0. 375g/2mL	5 支	
10	洛贝林针	3mg/1ml	5 支	
11	呋塞米（速尿）针	20mg/2mL	5 支	

续表

序号	药品名称	规格	数量	备注
12	利多卡因针	100mg/5mL	5 支	
13	5%碳酸氢钠注射液	250mL（或 10mL）	1 瓶（或 10 支）	
14	10%葡萄糖酸钙针	1mL	5 支	
15	50%葡萄糖针	20mL	5 支	
16	20%甘露醇注射液	250mL	2 瓶	
17	硝酸甘油针	5mg/1mL	5 支	
18	5%葡萄糖注射液	250mL	5 瓶配好网套	
19	0.9%氯化钠注射液	250mL	5 瓶配好网套	
20	冰冻生理盐水	500mL	2 瓶	
21	多巴酚丁胺针	20mg/2mL	10 支	
22	咪唑安定针	5mg/1mL	10 支	
23	纳洛酮针	0.4mg/1mL	2 支	
24	氟哌啶醇针	5mg/1mL	5 支	
25	氧化琥珀胆碱（司可林）针	100mg/2mL	2 支	
26	硝普钠针	25mg	2 支	
27	盐酸异丙嗪	25mg	5 支	
28	盐酸氯丙嗪或安定	25mg 或 10mg	5 支	

附件 3：马拉松医疗站物品配置表

序号	物品名称	规格	数量	备注
1	听诊器	只	1	
2	血压计	只	1	
3	电子体温枪或体温计	个	1	
4	氧气袋及吸氧设备	套	1	

续表

序号	物品名称	规格	数量	备注
5	化学冰袋	袋	不低于20	
6	创口贴	片	若干	
7	棉签	包	若干	
8	碘伏消毒液	瓶	1	
9	纱布绷带	卷	若干	
10	弹力绷带	卷	若干	
11	无菌敷料	块	若干	
12	一次性无菌手套	双	若干	
13	便携式瑜伽垫	个	1	
14	保温毯或棉被	个	若干	
15	AED	台	1	
16	凡士林润滑膏	盒	1	
17	利多卡因气雾剂或（云南白药气雾剂）	瓶	不低于20	
18	口服补液盐	袋	10	
19	莲香正气水	合	若干	
20	速效救心丸	合	1	
21	口服硝酸甘油	瓶	1	
22	矿泉水	瓶	10	

方案十二：志愿者运营方案

一、简述

赛事将于2019年5月12日在××市举办。为确保赛事顺利举行，组委会志愿者运营中心将派遣约2500人的志愿者团队全力保障赛事的运行，为广大跑友提供热情专业细致的服务，为赛事助力。

志愿者由市5所高校及社会志愿者团体共同组成。

志愿者服务岗位涵盖：前期接待、马博会、竞赛、医疗保障等。为确保志愿者工作顺利进行，对志愿者方案做以下说明并请政府相关部门、赛事组委会、合作高校、社会志愿者团队配合如下事项。

望借本次赛事，树立志愿者服务良好口碑。

二、时间节点安排

工作内容	时间	责任人
完成函件下发、院校对接	4 月 27 日	
开启志愿者招募	4 月 28 日	
完成志愿者招募与分工	5 月 5 日	
完成志愿者基础培训与分组培训	5 月 11 日	
比赛日志愿者对接与管理，协助需求方统筹	5 月 12 日	
完成志愿者收尾和奖励工作	5 月 15 日	

三、志愿者运营中心人员架构

负责人：

职责：负责与马拉松组委会竞赛组协调统筹志愿者安排，与合作高校及社会志愿者团体外联，负责协调安排志愿者面试、培训及上岗工作，针对志愿者项目做创意思考及视觉方案等。

成员（各合作高校负责人）：

职责：协助组长与马拉松组委会竞赛组协调统筹志愿者安排，与合作高校及社会志愿者团体外联，安排志愿者面试、培训及上岗工作，统计整理数据，校对文稿等。

工作人员：

职责：撰写与志愿者相关的短信、宣传稿件，收集、整理后期照片等影像材料，针对志愿者项目创意思考，与设计师沟通志愿者项目整体视觉方案等。

财务：

职责：负责与高校、社会团体对接结款等事宜。

后勤保障：

职责：按照时间节点负责组委会志愿者运营中心涉及的物资及兼职人员的保障工作，配合完成工作。

四、人数需求及岗位安排

（一）人数需求

志愿者总计：约2342人（完成2664个岗位）

前期接待、马博会：约258人（完成580个岗位）

5月12日非医疗志愿者：1137人（其中裁判组直接管辖830人）

具体分配院校待定

（二）岗位安排

×××学院

5月8日、11日装备分拣

5月12日赛道医疗辅助保障、赛后拉伸、赛道摄像、赛道收容、赛道检查

×××学院

5月12日赛道功能站、赛道计时、赛道喷淋、中央电视台对接、兴奋剂检测

×××学院

5月9—11日前期接待（机场、火车站）

5月9—11日马博会装备发放

5月12日比赛日服务站、裁判（起点检录、全程终点）

×××学院

5月12日比赛日服务站、裁判（全程存包、半程终点）

×××学院

5月9—11日接待（酒店名称）

5月9—11日马博会装备发放

5月12日比赛日服务站、裁判（半程存包、迷你终点完赛物资）

社会渠道志愿者——×××（翻译）

5月9—11日国际机场

国际及港澳台到达口×1人/天

国内达到口 ×1 人/天

此项合计：6 人

5 月 9—11 日火车站

出站口 ×1 人/天

此项合计：3 人

5 月 8—11 日 ×××酒店

前台接待 ×2 人/天

此项合计：8 人

5 月 8—11 日

马博会（暂定）×2 人/天

此项合计：6 人

5 月 12 日

外籍选手检录——全程 ×3 人

外籍选手检录——半程 ×3 人

第一梯队医疗保障 ×2 人

救护车 ×2 人

收容车 ×2 人

全程终点 ×2 人

半程终点 ×2 人

机动保障 ×5 人

此项合计：21 人

翻译志愿者总人次：44 人

具体点位安排详见清单。

（三）合作高校目标二级院系名单（如体育学院、医学院、外语系）

（四）可优先考虑院系及专业名单（如体育、医学、外语）

（五）工作安排

涉及招募的合作高校二级院系通过校级渠道发文、班级宣传等形式完成网络预报名，由高校团委统一安排面试，面试于 5 月 5 日前结束，并于 5 月 5 日 12：00前提交志愿者名单（需含姓名、联系方式、身份证号码、岗位等信息）。

面试时间安排由各高校团委自行安排。

5月6日起针对各岗位需要安排统一培训，各合作高校需配合提供培训所需的软硬件材料（包括：培训师、场地、多媒体设备、话筒等）。

（六）培训方案

5月6日13：00—14：00（60分钟）——通用知识及礼仪培训

与会人员：252名学生（酒店接待、马博会、半程存包、迷你终点、起点服务、啦啦队、后勤发餐）

地点：阶梯教室

培训师：名单

5月8日13：00—15：00（120分钟）——通用知识及礼仪培训

与会人员：××名学院学生（赛道功能站、赛道计时、赛道喷淋、中央电视台对接、兴奋剂检测）、××名学院学生（全程存包、半程终点）

地点：××

培训师：名单

5月8日8：00—8：15（15分钟）——参赛包装备分拣培训

与会人员：50名学生（参赛包分拣）

地点：物资仓库

培训师：名单

5月9—10日——机动安排赛道医疗保障组志愿者组长踩点，并提供大巴车接驳

踩点人员：约100名学生

地点：赛道

培训师：名单

5月10日12：30—13：30（60分钟）——通用知识及礼仪培训

与会人员：381名学生（赛道检查、赛道收容、赛道摄像、赛后拉伸）

地点：××

培训师：名单

5月10日14：00—15：00（60分钟）——通用知识及礼仪培训

与会人员：×××学院601名学生（赛道医疗辅助保障）

地点：××

培训师：名单

5月10日18：30—21：30（180分钟）——医疗培训

与会人员：×××学院601名学生（赛道医疗辅助保障）

地点：待定（可为校体育馆，需外接投影及音像设备）

培训师：名单

5月10日18：30—21：30（180分钟）——赛后拉伸培训

与会人员：×××学院160名学生（赛后拉伸）

地点：待定

培训师：名单

5月10日19：30——主裁判会议

与会人员：赛事志愿者部，合作高校青协负责人

地点：待定

5月11日8：00—8：15（15分钟）——完赛包装备分拣培训

与会人员：50名学生（完赛包分拣）

地点：物资仓库

培训师：名单

5月11日8：30—10：30（120分钟）——裁判志愿者培训

与会人员：赛事志愿者部，各高校涉及裁判组的志愿者

涉及岗位：起点检录、终点、赛道检查、赛道功能站、赛道收容、赛道控制、完赛包发放、兴奋剂检查、存衣

地点：待定（可提供接驳服务）

（七）合作高校/社会团体通讯录（略）

（八）志愿者宣传

1. 宣传稿件排期。

4月15日——图片

5月5日——图文·面试结束总结

5月11日——图文·马博会/志愿者培训结束总结并做赛前志愿者动员

5月13日——感谢志愿者并展望来年赛事

2. 媒体报道提纲。

中国最美赛道各高校特色校园文化齐争艳（如：×××等）；

坚守一线，航空品质的志愿服务，用微笑扮靓赛道，无惧高温；

“与××共奔跑”社会志愿者携市福利院小朋友共同参赛；

智能化翻译终端，多国选手无障碍交流；

其他后续赛事亮点。

（以上报道需配3～5张图片）

3. 接驳大巴车安排（略）。

4. 志愿者就餐安排（略）。

方案十三：马拉松嘉宾接待方案

一、人员设置及职责

组　长：×××

副组长：×××

成　员：×××

工作职责：

1. 负责收集嘉宾的接送机信息，做好接送工作。
2. 负责嘉宾对接及赛事材料送递。
3. 负责落实嘉宾食宿工作，提前查看房间和物料摆放。
4. 负责做好嘉宾宴请工作，提前做好线路勘察、包厢环境确认等相关工作。
5. 负责比赛日嘉宾用车落实，做好酒店至赛场的车辆调度。
6. 负责比赛日嘉宾行程单制订，包括活动流程、用餐安排及车辆安排文件。
7. 负责赛场贵宾室、嘉宾室的布置。
8. 提前做好各类应急方案。
9. 负责其他赛事保障工作，含酒店会议室、功能用房的协调。
10. 负责嘉宾服装、鞋、参赛手册、秩序册、证件、车证等物品的发放。

二、接待名单（拟定）

三、嘉宾活动流程

日期	时间	活动内容	活动地点	备注
5 月 11 日	9：00—17：00	报到	×××	1. 嘉宾航班信息提前确定，落实接机车辆 2. 嘉宾住房房卡提前领取 3. 嘉宾装备及材料提前准备（服装、鞋、参赛指南、秩序册、证件、车证、行程单等）
	11：30—14：00	午餐	×××	待定
	18：00—20：00	欢迎晚宴	待定	
5 月 12 日	6：00—7：30	早餐	×××	
	7：30—8：30	起跑仪式	起点	1. 发枪嘉宾乘坐指定车辆前往赛道起点 2. 其他嘉宾乘坐指定车辆前往赛道起点
	8：30—9：30	半程颁奖嘉宾出发至终点	赛道	1. 车辆安排 2. 赛道路线提前熟悉
	9：00—10：00	全程颁奖嘉宾出发至终点	赛道	1. 车辆安排 2. 赛道路线提前熟悉
		半程终点颁奖	半程终点	
		全程终点颁奖	全程终点	
	14：30	午餐	待定	
	下午	送机		车辆安排
5 月 13 日	上午	送机		车辆安排

四、车辆安排

组长：×××

成员：×××

（一）接机

1. 确定航班信息，落实接待车辆及标准。

2. 接机人员在机场等候接待。

3. 安排嘉宾乘车，工作人员配合行李搬运。

4. 出发前往酒店，向酒店接待工作人员（住房及用餐）告知行程，方便酒店接待工作准备。

5. 将相关车牌号报备至酒店登记，方便出入酒店。

6. 赛前将车证及服装、其他材料送至嘉宾房间。（需办公室对接）

接机车辆安排表模板

序号	姓名	职务	电话	抵达日期 和时间	航班 车次	车辆安排	接机人 接站人	电话
1								

（二）比赛当日出行

1. 发枪嘉宾。

（1）安排专门车辆直接停在酒店位置门口等候，将嘉宾直接送至赛道起点。

（2）发枪仪式结束后终点颁奖嘉宾需要单独安排车辆送至半程或全程终点。（工作人员及司机提前熟悉赛场路线）

2. 其他嘉宾。

（1）安排专门车辆停在酒店位置门口等候，将嘉宾直接送至赛道起点。

（2）发枪仪式结束后需要去终点的嘉宾专门安排车辆送至半程或全程终点，不需要的安排车辆送回酒店。（工作人员及司机提前熟悉赛场路线）

（三）送机

根据嘉宾航班信息安排送机。

五、住房安排

组长：×××

成员：×××

工作流程：

1. 如有可能提前领出嘉宾房卡（或单独安排登记通道）。
2. 嘉宾接机后直接送至酒店入住。
3. 安排专门人员在酒店宾客接待中心协助办理入住和退房手续。

住房安排表模板

序号	姓名	性别	电话	入住时间	退房时间	房间号	房间类型	备注
1								

六、用餐安排

组长：×××

成员：×××

（一）用餐安排表

日期	时间	餐类	地点	形式
5月9日	7：00—10：00	早餐		自助餐
	11：30—14：00	午餐		
	17：30—20：00	晚餐		
5月10日	7：00—10：00	早餐		
	11：30—14：00	午餐		
	17：30—20：00	晚餐		
5月11日	7：00—10：00	早餐		
	11：30—14：00	午餐		
	17：30—20：00	晚餐	宴请	待定

续表

日期	时间	餐类	地点	形式
5 月 12 日	6：00—10：00	早餐		自助餐
	11：00—15：00	午餐		自助餐

（二）餐标

1. 自助餐菜单（详见附件）。

2. 宴请安排待定。

组委会指定酒店温馨提示

尊敬的各位来宾：

欢迎您参加××马拉松，为了保障您参赛顺利，请您注意以下提示：

1. 酒店退房时间为 12 日 14：00，请于 14：00 前至酒店宾客接待中心办理退房手续。

2. 餐厅位于×××酒店____________，请凭餐券就餐。

3. 出行请关注组委会车辆安排通知或者自行选择其他交通工具。

4. 贵重物品，请自行妥善保管。

5. 组委会住房联系人：×××，联系方式：____________

就餐联系人：×××，联系方式：____________

祝您参赛愉快！

组委会

年　月　日

方案十四：马拉松路线丈量方案

作为赛事运营公司，必须了解相关路线选择的原则和路线丈量的规则，只有这样才能更好地做好前期路线选择和后期路线丈量的保障和支持工作。

《田径竞赛规则（2004—2005）》首次承认公路跑世界纪录。与此同时，该竞赛规则的国际官员中也相应增设了“国际公路赛丈量员”的条款，以统一各个国家和地区举办的国际公路赛的路线丈量方法和要求，确保比赛距离相对准确。

国际公路赛丈量员的任务、职责和工作方法如下。

一、任务

负责部分或完全在体育场外举行的国际公路项目比赛路线的丈量与核查。

二、职责

1. 根据赛事组委会的安排，选择丈量或核查路线的适当时间；
2. 依据国际田联竞赛规则的有关规定丈量或核查路线；
3. 向国际田联和国际路跑协会提交路线丈量报告书；
4. 亲临赛场核实比赛路线。

三、工作方法

公路项目比赛路线的丈量与核查分为路线的选择、测量、确认和申报，以及比赛过程中的路线见证。

（一）选择路线

选择的比赛路线要有利于充分展示举办城市的魅力；尽可能选择道路平坦、起伏不大、有方向变化、环境优美的路线，以利于运动员创造优异成绩；运动员出发的通道要开阔，避免拥挤发生摔倒、踩踏等现象；起点和终点之间的直线距离不得超过比赛距离的50%；起点和终点之间的下坡坡度不得超过1‰，即每公里下降不超过1米。同时，选择的路线要征得交通管理部门的同意，以保障比赛当天比赛路线畅通；如果该赛事是现场直播，还要征求电视台有关部门的意见，并尽可能协商解决拍摄过程中存在的与路线相关的问题。

（二）测量路线

采用“经过标定的自行车测量法”进行丈量。由于使用自行车测量法比较复杂，因此，当比赛采用短距离的环行路线时，例如2公里的环绕路线，可以使用校准后的测轮丈量。为防止重新测量时出现路线长度不够的问题，通常测量路线时每1000米要加1米，即1000米的路线，实际丈量的是1001米。

1. 测量前的准备工作。

(1) 测量工具：采用国际田联推荐的“经过标定的自行车测量法”进行测量。该测量法是将一个计数器安装在自行车前轴上，骑行时，计数器上的数字随着前轮转动不断变化，一个数字对应一段距离。正式测量前，要用经国家衡量部门检验合格的钢尺丈量500米（至少300米）的距离作为校准路线，然后骑自行车在校准路线反复校准，以确定计数器显示的数字与测量距离的对应关系，即每米转动的数字。没有条件的地方，也可以使用50米或100米的钢尺测量。当使用测轮丈量时，也必须进行校准。

(2) 测量物品：两辆车，其中要有一辆警车，以保证安全和便于开展工作；标记各公里点、饮用水点、起点、终点等位置的油漆、笔刷；标点时清扫地面沙土的扫帚或抹布；记录各公里点、饮用水点、起点、终点的纸张、钢笔，以及计算器、粉笔、胶带等；记录测量路线时气温变化的温度计。如果晚间丈量还要准备照明设备，如电筒、安全灯等。当使用自行车测量时，需要准备一辆普通自行车和扳手、螺丝刀等工具，以及选择一条500米（至少300米）的校准路线，该路线应该是平坦的直道。

(3) 熟悉路线：要实地考察即将测量的路线情况，如起点、终点的位置，比赛路线是全封闭还是半封闭，路口弯道、转折是否摆放隔离标志或隔离带，弯道情况，坡度情况，等等。

2. 路线测量。

(1) 车辆排列：路线丈量时应该警车在前，丈量员在中间，标点的车辆殿后。这样排列一是为了丈量员的安全，尤其夜间各种车辆的行驶很快，丈量员在中间，可以起到保护作用；二是方便工作，遇到红灯时警车鸣笛优先通过。

(2) 人员分工：引导员坐在警车上，负责引导路线；丈量员负责各公里点的丈量；记录员负责记录各公里点位置；清扫员负责清理公里点位置地面的沙土；标点员负责各公里点位置的标记。

(3) 测量时间：通常白天丈量比较合适，容易判断路线的前行方向，丈量速度也相应的快些。顺行路线，或顺行路线占大多数，交通压力不大的城市，一般都选择白天丈量。交通压力很大的城市，不论是顺行或逆行路线，都应该选择夜间丈量。

(4) 路线丈量：路线丈量必须遵循“沿着运动员所能跑过的最短路线测量”的原则。保证路线准确的关键是弯道或连续弯道、直道切入弯道、弯道切入直道的测量方法。要详细记录测量每个弯道时的各种数据，以减少复查路线时可能出现的明显误差。测量路线的误差不得超过比赛距离的千分之一，例如，马拉松项目的误差不得超过42米。

(5) 位置标记：要详细记录每个公里点、起点、终点、饮料点、用水点、半程的位置，并选择具有永久性的参照物作为位置标志。

3. 路线确认。

确认路线包括3个方面。第一，重新标注。路线丈量结束后，要根据核查情况重新标注各公里点位置。第二，位置拍照。重大赛事的各公里点，包括起点、终点、转折点等位置都要进行拍照。一般赛事可以选择起点、终点、转折点，以及5公里点、10公里点、15公里点、20公里点、25公里点、30公里点、35公里点、40公里点拍照。第三，赛前确认。比赛前，丈量员必须确认各公里点、起点、终点、转折点的标志与事先丈量的位置准确无误，确认路线隔离标志（尤其弯道）的摆放与丈量的路线一致。

（三）申报路线

路线测量准确无误后，丈量员负责向有关部门申报。中国田径协会主管的全国公路项目赛事向中国田径协会申报，中国田径协会审查合格颁发批准书。国内举办的国际公路项目赛事，丈量员负责向国际田联和国际公路赛跑协会申报，审核合格后颁发批准书。国际公路赛事的申报要提供以下中英文资料：比赛名称；比赛时间；每个公里点、起点、终点、饮料点、用水点、半程的位置说明；每个公里点、起点、终点、半程的海拔高度；比赛起点和终点的宽度；比赛期间路线的交通管制，全封闭还是半封闭；举办城市位置、气候、自然环境、赛道等方面的概况。

（四）路线巡视

比赛期间，丈量员应位于引导车上巡视，以确认比赛路线与实际的丈量路线一致。

方案十五：各部门重点工作推进时间表

各部门重点工作推进时间表可以分为：赛前三个月时间表，完成时间以周为单位；赛前一个月时间表，完成时间以天为单位；赛前一周时间表，完成时间具体到每天的具体时间。在确定下面各部门工作进度负责人和时间后，可以制作成一份统一的甘特图。

一、办公室重点工作推进时间表

序号	工作内容	完成时间	负责人
1	负责审核赛事总体方案		
2	负责确认组委会人员架构		
3	负责办理赛事文件报批工作		
4	负责审核以组委会名义发出的文件		
5	负责仪式嘉宾的邀请、接待		
6	负责各部门工作推进		
7	督促各部门实施		
8	负责组委会综合性会议的召集		
9	负责制作组委会印章		
10	负责保管组委会印章		
11	负责编制本部门应急预案		
12	负责编制组委会人员通联表		
13	负责整理会议纪要		
14	负责整理工作简报的汇总		
15	负责组委会往来公文的收发、处理、归档和保管		
16	负责秩序册领导致辞与照片的收集		
17	负责汇编赛事总结		

二、竞赛部重点工作推进时间表

（一）竞赛部起点区域重点工作推进时间表

序号	对接机构	工作内容	完成时间	负责人
1	竞赛部起点负责组	负责整体起点运行方案的撰写		
2	场地方	明确需要和场地方协调配合的资源，列出沟通事项清单		
3		和场地方负责人召开初次协调会，沟通搭建、电力、停车场事宜，明确各事项对接人		
4		负责协调起点区域电力、网络保障工作		
5	供电局	若场地可以提供的电力不足，则需协调供电局，提供专线电力保障		
6	园林环卫局	带园林环卫部负责人勘察场地，确定厕所投放定点和数量		
7		确保起终点区域附近厕所按定点投放到位		
8	竞赛部后勤组	负责起终点区域物资定点、接收安排		
9		确保起终点区域所有搭建工作完成		
10		起点物资撤场		
11	办公室	与办公室仪式组确认方案和整体串联		
12	安保交通部	负责起终点区域交通指挥调配工作		
13	竞赛部	负责起终点区域与政府各部门开协调会需求和时间确认		
14	竞赛部后勤组	负责起终点区域裁判组对接，配合裁判需求		
15		负责起终点区域除裁判管理志愿者以外的志愿者管理与岗位安排		
16		负责志愿者相应工作职责培训		

续表

序号	对接机构	工作内容	完成时间	负责人
17	医疗卫生部	负责和起终点医疗组指挥人员对接配合		
18	新闻宣传部	负责落实直播团队起终点需求		
19	组委会办公室	负责和办公室对接 VIP 区域布置、管理		
20	拉伸团队	确定赛后拉伸区域位置、场地面积和服务内容		
21	拉伸团队	负责拉伸区域志愿者培训和职责分工		
22	竞赛部后勤组	确保拉伸区域搭建工作完成		
23		确保拉伸区域志愿者和工作人员到位		
24		负责起点区域物资撤场		

（二）竞赛部终点区域重点工作推进时间表

序号	对接机构	工作内容	完成时间	负责人
1	终点场地方	负责对接终点处竞赛的场地搭建及景区内赛事的用水、用电、网络、车辆停放区域等需求，规划景区内半程终点区域及搭建流程，并组织实施		
2		负责协调场地内与赛事相关的各部门，完成赛事的各项需求		
3		负责撰写终点的工作方案		
4	安保交通部	负责与交管部门对接，协调交通保障工作		
5	后勤接待部	负责与裁判对接，配合裁判完成相关工作		
6	医疗卫生部	负责与医疗组指挥人员对接，配合工作		
7	志愿者部	负责非裁判组志愿者的工作管理与安排		
8	新闻宣传部	负责与直播团队对接，配合转播工作		

续表

序号	对接机构	工作内容	完成时间	负责人
9	办公室	负责与办公室对接，配合 VIP 区域的管理		
10	安保交通部	负责与公安部门对接，协调安保工作		
11	办公室	负责与颁奖仪式组组织串联工作		
12	竞赛部后勤组	负责与搭建供应商对接场地，定点并实施搭建		
13	竞赛部后勤组	负责物料的接收与摆放		
14	拉伸团队	负责赛后恢复区的对接与管理		

（三）竞赛部后勤组重点工作推进时间表

序号	板块	工作内容	完成时间	负责人
1	搭建部分	前期招标、设计、物料清单		
2		对接市住建局、市执法局、安监局，沟通需求		
3		完成与需求部门的印刷物料、搭建物料的清单更新对接		
4		完成赛道物料的设计定稿并下单		
5		完成起终点物料、印刷物料设计定稿并下单		
6		与搭建商、需求方走场地，现场进行搭建指导		
7		完成及确认搭建工作方案		
8		搭建商完成搭建方案		
9		与场地方、搭建商、需求方第二次走场地		
10		完成市区灯杆道旗安装		
11		验收第一批物料制作，小物料入库		

续表

序号	板块	工作内容	完成时间	负责人
12	搭建部分	完成所有物料制作		
13		物料进场与搭建		
14		完成非赛道物料搭建		
15		完成所有物料现场搭建		
16	赛道部分	核对赛道物料清单及分站物资清单		
17		监督落实赛道物资的采买工作		
18		完成赛道工作方案的制订与确认		
19		完成与裁判组的协议和合作内容确认		
20		完成对赛道点位的标识增加工作		
21		监督与落实所有赛道物资的入库和验收工作		
22		完成赛道物资的装车工作		
23		监督与落实所有赛道物资就位		
24		裁判员与志愿者就位		
25		完成赛道服务工作		
26		完成赛道人员、物料的回收、输送工作		
27	车辆部分	完成竞赛组所有用车需求的统计		
28		完成竞赛组车辆工作方案的制订及确认		
29		完成与车辆供给部分对接车辆需求		
30		接收赞助商提供竞赛车辆		
31		接收比赛日竞赛车辆		
32		司机培训		
33		协助比赛日车辆管理与调度工作		

续表

序号	板块	工作内容	完成时间	负责人
34	赛道表演及特色补给	完成与全民健身促进协会及区政府的对接		
35		出具赛道表演及特色补给管理方案		
36		完成与各单位的需求对接		
37		对接特色补给站食药监报备		
38		出具赛道表演及特色补给清单		
39		与各单位踩线路，确认知晓点位		
40		各表演站点进场就绪		
41		按表演及供给时间点进行表演和补给		
42		表演及特色补给站撤场		

三、志愿者部重点工作推进时间表

序号	工作内容	完成时间	负责人
1	完成函件下发、院校对接		
2	开启志愿者招募		
3	完成志愿者招募与分工		
4	完成志愿者基础培训与分组培训		
5	比赛日志愿者对接与管理，协助需求方统筹		
6	完成志愿者收尾和奖励工作		

四、新闻宣传部重点工作推进时间表

序号	板块	工作内容	完成时间	负责人
1	直播	确定直播方案		
2		签订直播协议		
3		签订直升机航拍合同，完成准飞手续审批，落实直升机的临时起、降点		
4		完成 VCR 路书、赛道介绍与奖牌定稿		
5		完成直播临时微波频段使用与检测的函件手续		
6		对接具体微波频段		
7		确定转播车交通保障方案并落实		
8		确定直播的用电方案并落实		
9		提供所需的宣传素材		
10		对接市气象局，确保信息的准时提供		
11		完成直播解说词		
12		确认接待方案		
13		完成有线电视信号的现场勘查并落实		
14		落实直播的安保事宜，含直升机安保		
15		确定中国移动通信保障方案并落实		
16		直播的志愿者需求落实		
17		负责直播所需物料并落实		
18		对接市政管理相关部门，按直播环境要求进行整改		
19		彩排、直播的需求协调		

续表

序号	板块	工作内容	完成时间	负责人
20	赛前新闻发布会	确定赛前新闻发布会方案		
21		落实赛前新闻发布会选址		
22		完成赛事亮点汇编稿		
23		完成赛事情况筹备新闻稿（领导发言稿）		
24		落实赛前新闻发布会布置方案（含背景板制作等）		
25		落实邀约嘉宾、政府领导		
26		落实媒体邀请		
27		赛前新闻发布会的组织与实施		
28	户外宣传	完成所有户外媒体投放（户外道旗）		
29		宣传折页投放		
30	日常宣传	完成系列舆情公关危机应急处置预案		
31		岛内媒体舆情监控		
32		省内外媒体邀请		
33		媒体现场接待		
34		微信、微博发布管理		
35		完成官兔招募及接待工作		
36		完成赛事微信稿件撰写		
37		媒体发稿跟踪		
38		赛前新闻发布会的组织与实施		
39		完成赛事物料设计		
40		完成线上宣传物料设计		
41		完成线上宣传文案		
42		官网管理维护工作		
43		官方摄影、摄像管理		

五、市场推广部重点工作推进时间表

序号	板块	工作内容	完成时间	负责人
1	市场开发	协议签订及各项权益落实工作任务分工		
2		完成赞助商权益表		
3		赞助物资入库工作		
4		各展示区域点位落实		
5		完成全程终点赞助权益清单		
6		完成半程终点赞助权益清单		
7		完成起点仪式赞助权益清单		
8		完成马博会赞助权益清单		
9		赞助商权益官摄工作任务单		
10		撰写赞助商权益报告		
11	其他活动部分	完成外籍运动员入境手续的办理及接待方案		
12		完成马博会布展规划方案		
13		完成起跑仪式策划方案		
14		外籍运动员邀请接待		
15		马博会组织和实施		

六、安保交通部重点工作推进时间表

序号	板块	工作内容	完成时间	责任人
1	公安部分	对接公安总体工作方案		
2		对接公安局安保公司需求		
3		对接公安部门踩点工作		
4		配合制订安保方案		
5		对接各口安保需求、人数		
6		确认公安、安保工作人员安排		
7	交警部分	对接交警交通管制和疏导方案		
8		对接交警首次赛道踩点		
9		协调交警二次踩点		
10		对接交警部门安检门设置问题		
11		对接交警护栏数量和使用需求		
12		报送各终点口关门时间		
13		指挥起终点车辆停放		
14	消防部分	对接消防部门工作方案		
15		对接消防部门踩点工作		
16		完成起终点、搭建现场消防检查工作		
17	交通部分	对接交通局，明确用车需求		
18		确认赛事交通整体工作方案		
19		确认公交车辆派遣、调度、管理		
20		确认各起终点的车辆停放位置		

七、医疗卫生部重点工作推进时间表

序号	对接机构	板块	工作内容	完成时间	负责人
1	卫健委	医院	确认医疗急救方案和应急预案		
2			确认定点医院名单、联系人		
3			确认定点医院绿色通道开启，急症科____个床位、ICU ____个床位的预留		
4			确认定点医院做好热射病抢救预案，专家值守		
5		医务人员	确认医疗急救保障人员名单		
6			医务人员急救培训（包括司机、120 调度中心人员；使用 AED 人员要进行 AED 使用、对讲机使用考试）		
7			医务人员培训时间、场次的确认		
8			救护车、医疗点位医务人员的配备		
9		医疗设备及药品	确认药品按计划采购		
10			确认医疗站点物品配备情况		
11			确认救护车物品配备情况		
12			确认救护车（本市、外地）调配、车上生命支持设备是否可以正常使用		
13		医疗点位	半程、全程终点医疗站的设置，每个医疗站各放置 10 个床位，并配备配套医护力量、急救药品		
14			赛程医疗站点、移动 AED、电动车、医疗志愿者等点位的设置		

续表

序号	对接机构	板块	工作内容	完成时间	负责人
15	医疗团队	方案	确认医疗急救方案和应急预案		
16		人员	所有医务人员、志愿者、急救跑者、救护车等内容的统筹、安排、指挥等		
17		急救跑者	急救跑者的招募、培训、投放、接收		
18		志愿者	医疗志愿者的招募、培训、投放、接收		
19		设备	医疗设备、其他设备的测试、签收		
20	医疗培训	场地	各项培训场地和配套设备的落实，急救培训时打印赛事地图		
21		培训	培训时间、内容的落实		
22			赛事组委会、裁判、所有志愿者的医疗急救通用培训		
23	后勤支持	用餐	医务人员的用餐安排		
24			医疗志愿者的用餐安排		
25			急救跑者的用餐安排		
26		用房	急救专家、卫健委专家的用房安排		
27		用车	车辆调配：医疗点医务人员的投放；起终点、赛道医疗志愿者的投放		
28			50 辆电动车的车辆交接、充电维护、编号管理、车贴、投放		
29			50 辆电动车及摩拜单车的编号管理、车贴		
30			24 辆急救车 +1 辆急救指挥车的编号管理、车贴		
31		其他	发放医务人员和急救志愿者的福利：纪念 T 恤、荣誉证书、纪念品等		
32			车证交接、人证交接		

续表

序号	对接机构	板块	工作内容	完成时间	负责人
33	安保交通	线路监控	确认赛道各路段急救车就近前往定点医院的行车路线		
34			赛道沿线监控探头可用，如有需求可以调取		

八、后勤接待部重点工作推进时间表

序号	板块	工作内容	完成时间	负责人
1	住房部分	各类人员入住信息统计，编制住房安排表		
2		酒店氛围布置图确定及制作		
3		酒店氛围布置		
4		接待志愿者培训		
5		温馨提示内容拟定		
6		备选酒店联系落实		
7		证件的管理及发放		
8		每日住房数量及费用核对		
9	用餐部分	组委会工作人员工作餐预订		
10		赛前各类人员用餐数量		
11		比赛日餐包、工作餐数量落实		
12		食药监对接，确定送检报批需求及检车		
13		联系其他合作酒店并报食药监备案		
14		餐包、完赛包、特色补给点物品采购		
15		餐包发放		

续表

序号	板块	工作内容	完成时间	负责人
16	交通部分	萧山国际机场、动车站接待处落实		
17		各类人员抵达信息统计，编制用车安排表		
18		功能性用车落实		
19		租车供应商落实		
20		各类人员接站安排		
21		各类人员送站安排		
22		机票、火车票的预订		
23	仓库管理	物品采购		
24		仓库赛事物资入库及出库		
25		剩余物资清理运输		
26		场地器材检查、管理		
27	领导、嘉宾接待	出席领导确定		
28		行程单拟定		
29		领导接送机车辆安排		
30		领导入住手续办理		
31		宴请酒店提前预订		
32		比赛日领导行程安排		
33		贵宾室、嘉宾室布置		
34		对接各市、县来参加活动的领导		
35		领导送机安排		
36	其他	会议室确定		
37		网络信息保障		

方案十六：参赛手册

参赛手册是由组委会编制并提供给参赛队伍和参赛选手的指导性文件。本书将“好运北京”2008 北京国际马拉松赛的参赛手册全文列出，供读者参考学习。

“好运北京”2008 北京国际马拉松赛参赛队伍手册①

1 比赛信息

1.1 比赛日期与地点

马拉松比赛将于2008 年4 月20 日在北京奥运会马拉松赛道上进行。该赛道起点设在天安门广场，途经北京主要城市和街道，终点设在国家体育场。赛道起、终点的直线距离为9.2 公里。

蓝线表示可能的最短路线。赛道上将有足够的竞赛官员对运动员进行适时引导，每公里点将会沿着比赛路线标出。

最前面的计时车辆上会显示比赛时间。

比赛起点

天安门广场是北京的中心，北邻紫禁城，西毗人民大会堂，东面为中国国家博物馆。马拉松比赛的起点就设在此。

① 本文件来自北京奥组委。

比赛路线

马拉松比赛路线穿越北京城市街道，展现北京历史、风俗文化和现代化的大街小巷，途经许多历史旅游景点，如天坛、前门和永定门、元大都遗址。同时也穿过北京的许多现代化区域，如长安街商业区、金融街商业区和著名的中关村高科技产业区。此外还有著名学府北京大学和清华大学。

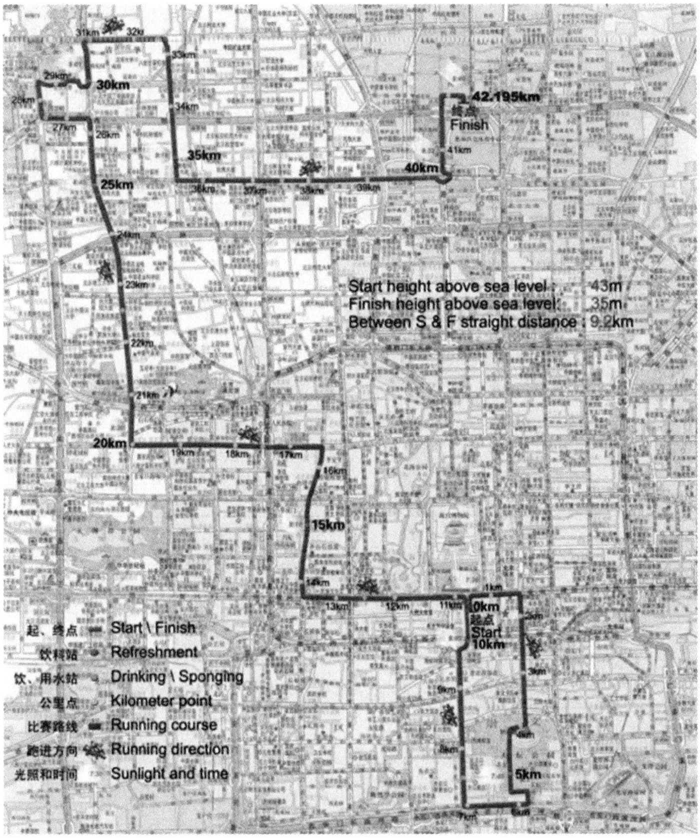

比赛终点

马拉松比赛的终点设在国家体育场，同时它也是北京奥运会的主体育场。

1.2 **比赛项目**

男子：马拉松（42.195 公里）

女子：马拉松（42.195 公里）

1.3 **比赛日程**

比赛日期	**2008 年 4 月 20 日**	
比赛项目	男子马拉松	女子马拉松
比赛时间	7：30	
比赛地点	起点：天安门广场、终点：国家体育场	

1.4 **比赛关门时间**

马拉松比赛将设有关门时间

比赛距离	**10 公里**	**21.0975 公里**	**35 公里**	**国家体育场**
时间	08：20	09：20	10：30	11：00

1.5　**收容车**

收容车将紧随参赛队伍，将无法继续比赛的运动员带回国家体育场并陪护到赛后控制中心。

如果运动员在规定时间内没有跑完相应距离则必须退出比赛，并乘坐收容车回到国家体育场取回个人物品。

1.6　**参赛**

1.6.1　**参赛资格**

国际运动员

所有国际田联成员协会的运动员可通过本国协会报名参赛。

国内运动员

所有运动员须通过中国田径协会报名参赛。

1.6.2　**报名**

为了提高比赛准备工作的有效性，报名分三个阶段进行：

预报名

所有运动员的预报名表须在预报名截止日2008年1月20日之前通过邮寄、传真或电子邮件方式向组委会呈交，报名表上应写清参赛运动员数量。

正式报名

所有运动员的最后报名表须在最后报名截止日2008年3月20日前通过邮寄、传真或电子邮件方式向组委会呈交，报名表上应包括参赛运动员姓名及项目。

最终确认

最后确认表在参赛队到达运动员村技术信息中心时分发，且须在2008年4月19日10点以前交到运动员村技术信息中心或国家体育场的技术信息中心。

1.7　**技术会议**

1.7.1　**日期、时间与地点**

参赛队领队/代表技术会议于2008年4月19日下午2点在运动员村举行。

1.7.2　**参会人员**

每个国际田联成员协会最多委派两名官员参加会议。如有需要，翻译或专员也可列席。

1.7.3 会议议程

会议由国际田联技术代表和田径竞赛主任主持。

草拟议程如下：

- 组委会主席或其代表致欢迎词
- 介绍相关人员

✓技术代表

✓国际田联代表

✓国际公路丈量员

✓组委会竞赛副主任

✓组委会竞赛官员

- 时间表
- 运动员出热身区流程
- 抗议及申诉
- 兴奋剂检查程序
- 广告规则
- 其他相关信息
- 回答代表团书面提问

1.7.4 技术会议的书面问题

所有将在技术会议上讨论的与比赛有关的问题与提议都须列在运动员村技术信息中心提供的表格（只有英语和中文）上。此表格须在2008年4月19日上午10点前回交到运动员村技术信息中心。技术代表将会在技术会议上回答相关问题，并向与会者分发提交的问题与答案的概述。

1.8 熟悉场地

国家体育场

技术会议后领队或参赛队代表将进行马拉松比赛路线踏勘。领队须在2008年4月19日上午10点前在运动员村的技术信息中心确认此行。

1.9 比赛号码布数量

组委会在技术会议上或运动员村的技术信息中心为每位参赛运动员发放5个带有安全别针的号码布，其中2个佩戴在比赛背心上，2个佩戴在运动服上，1

个贴在运动包上。号码布的形状大小不能做任何改动。

所有参赛者胸前和后背均须佩戴号码。

1.10　队服与设备

运动员应着在技术信息中心注册的本代表团比赛服，该服装应符合国际田联最新版比赛规则和广告规章的要求。

每个领队须在运动员村的技术信息中心展示其比赛服并登记。队服一旦登记，裁判员将在检录处检查运动员的服装。

只有获正式批准的队服才允许在比赛中使用。发奖仪式和运动员获胜后绕场活动均应视为比赛的一部分。

1.11　技术信息中心

参赛队代表团所需信息可从运动员村技术信息中心和国家体育场技术信息中心获取。领队可凭专门的技术信息中心通行卡进行信息采集。技术信息中心的主要目的是为每个参赛队与组委会竞赛管理团队之间建立联系，其具体任务详见如下：

国家体育场技术信息中心

- 信息发布
- 竞赛信息与公告
- 抗议与申诉
- 回答与竞赛相关的问题
- 终点摄影图片打印要求
- 兴奋剂检测要求
- 最后确认

运动员村技术信息中心

- 分发技术会议资料
- 分发国家体育场技术信息中心通行卡
- 回答与竞赛相关的问题
- 分发参赛队手册
- 队服登记
- 分发马拉松运动员自备饮料瓶

- 赛场踏勘报名表
- 最后确认

技术信息中心开放时间

日期	国家体育场技术信息中心	运动员村技术信息中心
4 月 15 日	09：00—18：00	08：00—23：00
4 月 16 日	09：00—18：00	08：00—23：00
4 月 17 日	09：00—18：00	08：00—23：00
4 月 18 日	06：30—赛后 1 小时	06：00—23：00
4 月 19 日	05：00—赛后 1 小时	05：00—23：00
4 月 20 日	05：00—赛后 1 小时	05：00—23：00

1.12　竞赛程序

1.12.1　热身

马拉松比赛起点设在天安门广场，并专门为运动员准备了水泥地面热身区，此外还有临时搭建的运动员休息区。

1.12.2　检录处

检录处毗邻热身区。第一次检录结束后，比赛官员将把运动员带到紧靠起跑线的热身区做最后的热身。

运动员须在起跑前 10 分钟在起跑线后集合。

1.12.3　计时芯片的使用

参加马拉赛的运动员都须佩戴计时芯片。运动员在第一检录处领取该芯片。如果没有佩戴该芯片，比赛用时及到达名次将无法测量。

比赛后将在赛后控制中心回收芯片。

如果运动员退出比赛，须把芯片交还给相关的裁判员。

1.12.4　饮料站

马拉松比赛共设有 8 个饮料站，在第一个饮料站后每 5 公里处设有一个饮料站。每个饮料站的饮料桌分成两部分：运动员自备饮料桌和组委会饮料桌。每个饮料站前100米处将放置标牌提示饮料站位置。

运动员自备饮料

参加马拉松比赛的运动员可以自备饮料。运动员自备饮料须在4月19日晚8点至10点之间交到运动员村的技术信息中心。瓶装饮料将储存在保温箱并由组委会负责送到饮料站。

组委会为运动员自备饮料提供水瓶和粘贴标签，可以在运动员村的技术信息中心领取。运动员也可以使用自备瓶子，但不能为金属或坚硬质地，并且要符合国际田联的广告章程。

所有的个人饮料须清楚地显示出下列信息：

- 运动员名字
- 运动员号码布号
- 其代表的国家或地区联合会全名
- 饮料要存放的公里点

每个桌子要标号并用国家代码和国旗区分

根据国际田联章程，运动员自备饮料不能由随队官员交给运动员，因此随队官员不能停留在饮料站。所有的饮料也不会由竞赛官员交予，而是要摆放在相应的桌子上，由运动员自己拿取。

组委会饮料

除了运动员自备饮料桌外，组委会还将提供饮料（水、运动饮料）、香蕉和糖。组委会饮料不由竞赛官员交给运动员，由运动员自己拿取。

1.12.5 **饮水/用水站**

按照国际田联规则，马拉松比赛沿线设置8个饮水/用水站。第一个饮水/用水站设在第一个7.5公里处，以后每5公里设一个站。每站包括两部分：饮水站和用水站。每个饮水/用水站前100米处设有提示标牌。

1.12.6 **喷淋站**

第一个喷淋站设置在距离起点处8公里，以后每5公里设置一个，共7个喷淋站。喷淋站只占据部分道路，运动员可以自己选择是否使用喷淋设施。每个喷淋站前100米都有标识牌提示下一个喷淋站。

1.12.7　**帮助**

比赛中运动员不允许以任何方式接受他人的任何帮助。运动员禁止携带饮料站和饮水/用水站以外的食物或饮料，并且禁止教练为运动员提供额外的饮料。如运动员由于体力不支无法继续比赛必须通知邻近的工作人员，等待收容车辆接送。运动员可以拿掉号码布以表示放弃比赛。运动员不允许接受除指定医疗队成员以外任何人的帮助，现场医疗检查只能由医疗队人员完成。

1.12.8　**终点**

马拉松比赛终点设在国家体育场。运动员通过位于国家体育场西北部的马拉松通道进入国家体育场。进入体育场后，运动员须继续跑约500米完成比赛。

1.12.9　**卫生间**

马拉松比赛沿线专门为运动员设有卫生间，运动员须在工作人员的陪同下使用卫生间。

详细比赛信息将在马拉松技术会议上公布。

1.12.10　**赛后程序**

比赛结束后运动员须遵循以下赛后程序：

混合区

比赛结束后所有运动员都将进入混合区，接受注册媒体代表的短暂采访。运动员须通过混合区离开比赛场地。

赛后控制中心

赛后控制中心位于混合区末端。装有运动员衣服和背包的篮子将从马拉松起跑区运送到赛后控制中心。运动员须出示收据领取保存在第一检录处的个人物品。兴奋剂检测陪同人员负责协助运动员完成兴奋剂检测的官方文件。颁奖助理陪同获得奖牌的运动员进入颁奖等候区。

成绩发布

每项比赛的成绩都将尽早地显示在国家体育场的电子记分牌上。

成绩以英语和中文发布，并宣布正式成绩公布在记分牌上，正式成绩的复印件贴在国家体育场技术信息中心外的记事板上，上面将显示正式发布时间。

国家体育场的技术信息中心为每支参赛队各设有一个信箱，通过这个信箱可以接收到所有比赛成绩和信息的复印件。无论参赛队成员的数目多少，只能分发一份比赛成绩单复印件。

颁奖仪式

比赛结束后，颁奖人员会向获奖运动员简单介绍颁奖程序。

如果比赛后颁奖仪式马上进行，陪同人员将陪同相关运动员直接从赛后控制室进入颁奖等候室。

参加颁奖仪式的运动员须着正式比赛服装或训练服。

兴奋剂检测

兴奋剂检测在赛后按照国际田联的兴奋剂检测程序进行（详见3. 兴奋剂检测）

新闻发布会

每个项目决赛后，所有获奖运动员将被邀参加在新闻中心举行的新闻发布会。其他没有获奖牌的运动员也可能被邀参加新闻发布会。

赛后控制中心负责通知运动员具体程序的运行顺序。

1.12.11　抗议和申诉

抗议按照国际田联规则第146条处理。涉及比赛成绩或比赛行为的抗议须在比赛成绩正式宣布30分钟内提出。抗议应首先由运动员本人或代表运动员的其他人以口头方式向裁判长提出。

向仲裁团提出申诉也须在裁判长决定正式宣布30分钟内以书面表格形式并经代表运动员的责任官员签字，同时缴纳100美元押金或相等金额的其他货币，如果抗议不合理将没收押金。

所有申诉须上交给国家体育场技术信息中心，然后立即转交给仲裁秘书。

2　体育设施

2.1　国家体育场

比赛将在国家体育场举行，同时这里也是奥运会田径比赛的举行之地。国家体育场位于北京北部，能同时容纳91000名观众。

更衣室

供运动员使用的更衣室位于毗邻热身区和赛后控制中心的比赛场，更衣室将在赛时供运动员使用。

运动员和随队官员休息室

比赛场地中的热身区为运动员和随队官员提供了休息室，在整个训练和比赛单元都将开放并提供饮料、水果等。

2.2 田径训练

训练场满足国际田联的所有要求，训练场使用的所有训练设施与比赛场比赛设施基本一致。

2.2.1 训练场馆

朝阳体育中心

训练场地类型	训练场馆
开放日期	比赛前 3 天
运行时间	08：00—18：00
赛道表面	波利坦
距离国家体育场	16 公里

国家体育场热身区

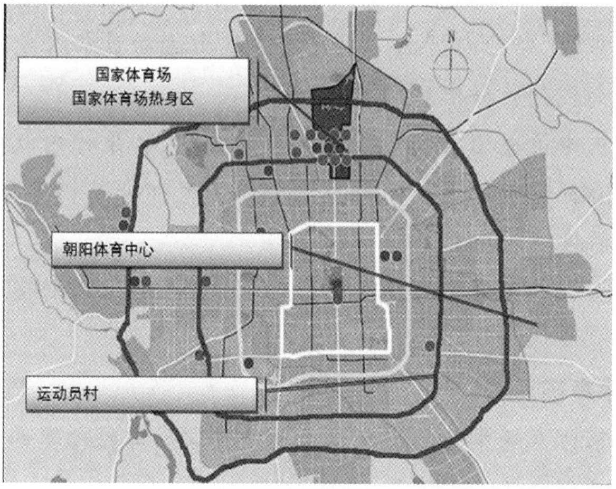

训练场地类别	热身区
开放日期	比赛前3天 比赛开始后热身区作为热身场地全部为参与相应比赛单元的运动员使用
运行时间	08：00—22：00
赛道表面	蒙多

2.2.2　**医疗服务**

训练场提供运动员医疗急救及相关的运送服务。

3. 兴奋剂检测

田径比赛兴奋剂检测将按照在奥运会期间实施的《世界反兴奋剂条例》、国际田联违禁药品和方法清单执行。所有的兴奋剂检测程序均符合ISO9001/2000，并依据国际测试标准的修订版实施。所有尿样检测均在世界反兴奋剂机构和国际奥委会认可的北京兴奋剂检测实验室进行。

4. 医疗服务

比赛期间，所有注册人员及场馆安全线内的观众都可享受急救医疗服务。指定医院的绿色通道将供所有注册人员使用。

比赛场馆的医疗服务

比赛场馆开放期间有两个区域提供医疗服务。一是运动员区，由组委会医生为运动员和工作人员提供相关的医疗服务。此外还有供代表团医务人员使用的指定理疗室。另一个是观众区，为观众、媒体和其他人提供必需的医疗服务。两个区域都配备了急救与运送服务。

5. 颁奖

第一名、第二名、第三名将分别颁发金、银、铜牌。

第四至第八名运动员将分别颁发参赛证书。

所有的参赛运动员都将颁发标注运动员成绩的参赛证书。

6. **主要活动备忘录**

<table>
<tr><th>活动</th><th>日期</th><th>日期</th><th>地点</th></tr>
<tr><td>预赛报名截止日期</td><td>2008 年 1 月 20 日</td><td></td><td></td></tr>
<tr><td>开始注册</td><td colspan="2">比赛前 60 天</td><td>组委会网站</td></tr>
<tr><td>正式报名截止日期</td><td colspan="2">2008 年 3 月 20 日</td><td></td></tr>
<tr><td>最终确认</td><td rowspan="5">2008 年 4 月 19 日</td><td rowspan="3">10：00</td><td rowspan="3">运动员村 TIC</td></tr>
<tr><td>书面问题提交</td></tr>
<tr><td>场地熟悉确认</td></tr>
<tr><td>技术会议</td><td>14：00</td><td>运动员村</td></tr>
<tr><td>熟悉场地</td><td>技术会议后</td><td>国家体育场</td></tr>
<tr><td>男子 20 公里</td><td>2008 年 4 月 20 日</td><td>07：30</td><td>天安门广场</td></tr>
<tr><td>女子 20 公里</td><td>2008 年 4 月 20 日</td><td>07：30</td><td>天安门广场</td></tr>
</table>

7. **北京天气**

下表显示过去三四年间马拉松比赛日的平均温度和湿度。如表所示，4 月份北京并不热湿，但5 月份开始温度逐渐升高，因此各队要做周详准备。

	2004		2005		2006		2007		Average	
	℃	%	℃	%	℃	%	℃	%	℃	
0am	19.9	55	12.8	8	10.1	27	19	70	15.45	0am
1am	18.7	51	12.1	9	10.6	26	18.9	65	15.08	1am
2am	18	42	11.5	9	9.8	25	19.2	28	14.63	2am
3am	18.2	36	10.5	11	9	26	18.2	29	13.98	3am
4am	18.5	31	9.8	12	7.7	28	16.6	33	13.15	4am
5am	18.9	33	7.7	15	5.8	33	14.2	41	11.65	5am

续表

	2004		2005		2006		2007		Average	
	℃	%	℃	%	℃	%	℃	%	℃	
6am	19.5	32	7.4	16	5.4	38	14.4	42	11.68	6am
7am	19.7	26	11.9	19	9.8	32	17.3	33	14.68	7am
8am	19.8	24	11.5	33	12.5	25	18.6	30	15.60	8am
9am	19.1	25	10.6	37	14.4	19	20.7	27	16.20	9am
10am	19.1	23	10	34	16.1	16	22.1	26	16.83	10am
11am	20.1	24	11.1	28	17.5	15	23.4	21	18.03	11am
12am	20.2	24	14.6	18	18.1	14	24.1	20	19.25	12am
1pm	21	23	16.8	13	19	13	23.8	17	20.15	1pm
2pm	21.4	22	17.7	11	19.5	12	23.7	18	20.58	2pm
3pm	/	/	17.8	12	20	13	23.4	15	20.40	3pm
4pm	20.6	23	17.1	14	19.9	14	23.3	13	20.23	4pm
5pm	20.4	24	16.3	14	19.3	18	22.8	12	19.70	5pm
6pm	19.4	25	15.7	14	18.5	19	21.8	11	18.85	6pm
7pm	18.6	26	15.1	13	17.2	22	20.7	11	17.90	7pm
8pm	17.9	27	14	15	16.7	25	18.3	10	16.73	8pm
9pm	16.7	28	13.3	15	16.2	30	18.4	9	16.15	9pm
10pm	16.8	28	12.1	16	15.7	32	18	11	15.65	10pm
11pm	15.9	29	11.3	15	15.2	34	17.5	11	14.98	11pm

8. 联系方式（略）

第三章 马拉松赛事运营机制和文化融合之路

举办一场马拉松比赛，看似是个“四赢”的选择——城市打响知名度、拉动消费，运营公司拓展业务、获得经济效益，参赛者陶冶情操、锻炼身体，赞助企业宣传品牌、拓展市场。然而，随着一场马拉松瘫痪一座城、选手抄近道、替跑等不和谐场景的出现，赛事运营公司等市场参与者叫好不叫座的经营现状，大多数中小城市马拉松裸奔等并不乐观的现实逐渐显露，越来越多的人意识到，动辄几万人参加的马拉松赛事，已不只是一项简单的体育活动，而是检验一座城市交通运转、医疗急救、应急管理等方面能力的试金石，是考验一个赛事运营主体协调并服务好政府、赞助商和参赛者综合能力的磨刀石。如何协调好政府、运营企业和赞助商三者关系，形成合力共同促进马拉松赛事健康持久发展，这已成为包括体育界在内的社会各界需要共同面对的考题。

第一节 政府主导与市场运作有效结合的运营机制

一、马拉松赛事政府主导的必要性

一场国际马拉松赛事，考验着一个城市的接待能力、组织能力、运营能力，见证着这个城市的文明和秩序。正如前文所提到的，马拉松赛事是一个城市整体应急和动员能力的全面体现，需要调动数十个政府相关部门，数百名的竞赛工作人员，近万名的安保人员、医疗救护人员和志愿者，数千吨的赛事保障物资，数百辆的医疗、物流和服务车辆，如果没有政府部门牵头实施，是不可能实现的。政府的主导作用主要体现在以下几个方面。

（一）加强宏观指导，对赛事进行顶层设计

政府需要站在城市发展的战略高度上对赛事主题和比赛项目设置来进行顶层设计，要结合城市的自然环境、人文历史和群众基础等进行合理的赛事定位，设计优美的赛道，把城市的文化灵魂融入赛事，走特色发展道路。比如，扬州鉴真国际半程马拉松、西安城墙马拉松、以樱花为主题的无锡马拉松、海南三亚马拉松中以天涯海角景区为终点的半程情侣跑、杭州马拉松中以西湖断桥为起点的情侣跑，等等，这些特色赛事的命名和特色项目的设置都赋予了赛事全新的马拉松精神文化内涵，拓宽了城市文化的范畴，体现了政府在赛事顶层设计方面的引导作用。

（二）夯实城市管理水平，提升赛事服务品质

政府要重视跑者在城市的交通、住宿和旅游等方面的消费体验，重视跑者的赛程体验，着力于构建完善的赛事保障体系。举办马拉松比赛之前，城市管理者需要通过有效评估弥补市政管理及应急管理体系的不足，同时在城市市容、体育设施、医疗保障、交通规划、秩序管理、对外宣传等软、硬件设施上夯实基础，以确保马拉松比赛的有序进行，为参赛者打造极致的赛程体验。能够成功举办一次马拉松赛事，表明这个城市具备按照国际规则、国际标准对以上各领域进行优化管理的能力，这是城市发展的重要推动力。

（三）结合赛事举办推动多产业融合发展

“体育搭台，经贸唱戏”，马拉松赛事对于消费的拉动十分明显，近年来，在政府组织、商业运作、民众参与的模式下，马拉松衍生的消费领域正不断扩展。对城市而言，通过赛事推动旅游等“马拉松经济”的发展，提升城市知名度，获得赛事的社会溢出效应，是主办马拉松赛事的重要驱动力。这一方面政府作为赛事主办和指导主体还需要做更多的工作，正如中国田径协会负责人在一次

采访中所说："虽然中国路跑运动发展迅速、数字增长飞快，但放在世界路跑这个大环境里，中国路跑还处于成长期，还是有很多的事情需要学习、需要提高。……特别是在赛事的组织运营、品牌打造、文化推广以及路跑产业的布局等方面还有很大的提升空间。"

二、马拉松赛事市场参与的合理性

目前，马拉松赛事市场主体参与的方式主要有两种：一是以赞助商的形式来参与赛事，借助马拉松赛事平台增强品牌宣传，同时还能够通过体验参与让品牌与消费者实现最直接的互动；二是以赛事运营公司的身份来参与赛事具体运作，可以通过政府补贴、赛事版权、企业赞助、电视转播和报名费用等方式来实现经济收益。政府方面要积极主动地通过政府采购服务的模式，充分激发社会办赛力量的积极性和市场主体的创新活力，提高办赛效率和赛事效益，更好地发挥市场机制在体育资源配置中的决定性作用，最终实现赛事品质的提升。市场化机制的主要作用体现在以下几个方面。

（一）有利于赛事品质的提升

归根结底，马拉松赛事成长和产业发展最核心的要点还是要靠提升赛事品质来支撑。好的赛事品质是运营团队通过一个个精心设计的细节培育出来的，这里没有捷径可走，盲目的投入换不来好的赛事品质，热闹的场面和重量级的嘉宾也烘托不出好的赛事品质。赛事品质的提升当然离不开一定的财力支撑，但更需要的是专业化管理理念的应用。如何在相对有限的财力支持、管理水平、服务保障中将钱花到刀刃上，如何突破运营瓶颈，如何提升保障水准，等等，这些都需要运营者仔细掂量、审慎把握。这个工作单纯依靠政府部门是不可能实现的，必须借助市场化的机制和专业的团队来实现。

（二）有利于多渠道开发马拉松赛事商业资源

马拉松产业是以赛事为核心层，以运营公司、信息数据服务、体育传媒、体育休闲娱乐、赛事组织培训、慈善公益活动等内容为外围层的赛事基础产业。首先，马拉松赛事是城市的一个“人文旅游品牌”，会给城市带来巨大的人流量，带动餐饮、购物、交通、住宿、旅游等相关行业的消费。其次，围绕跑者可构建跑步装备、智能硬件（心率监测等）、科学训练和医疗康复、自媒体宣传等完整的服务产业链。这些相关产业如何与马拉松赛事融合发展，形成完整健康的马拉松运动产业体系，必然要依赖于多元化的投资主体、市场化的运作方式来参与，最终的目的是实现马拉松运动产业协调发展并有力带动其他体育产业及相关行业的发展。

（三）有利于更好地保障赛事赞助商权益的实现

赞助商在精心挑选赛事进行赞助之后，自然希望得到相应的回馈。目前赛事主办方提供给赞助商的权益主要分为三个方面：第一是品牌荣誉，包括冠名权、合作称号、赛事相关商业称谓；第二是发布会、开幕式和相关活动的领导出席和致辞机会；第三是通过新闻报道和营销策划进行的营销宣传。但这些权益都只是满足了赞助商在赛事期间的品牌宣传及赛事现场露出的权益，是一种仅局限在表层的合作。马拉松赛事其实是从赛事前两个月甚至半年的报名启动就真正开始了赛事的宣传期，如何利用好马拉松赛事赛前、赛中和赛后整个赛事的宣传周期来更好地宣传赛事，保障赛事赞助商权益实现的广度，如何利用好马拉松参赛选手从报名、赛前训练、赛后恢复、查询成绩、照片和短视频等整个参赛链路的需求来保障选手服务质量，保障赛事赞助商权益实现的深度，这些才是赛事运营方应该重点关注的事项，也是保障赛事经济能够健康运营的根本。本书将在第四章中结合互联网平台的功能给予详细论述。

三、马拉松赛事赛道内外的合理分工

马拉松赛事的成功举办离不开市场的积极参与，更离不开政府的支持，那么，协调好政府与市场参与主体的分工就显得尤为重要。这里尝试把马拉松赛事按照赛道之内和赛道之外的划分来提出一些解决问题的思路供大家参考。

（一）赛道之内由政府主导

所谓的赛道之内主要是指由体育行业主管部门对有关赛事的审批和竞赛的规

范性要求来进行主导；公安交管、医疗保障、城市管理、园林和环卫等需要调动政府资源的事由政府来主导，以便于更有效地协调和调动有关公共资源来服务赛事。政府主导的主要作用还包括出面为运营机构、赞助商和媒体搭建好的信任平台并形成良性循环，促进马拉松市场化的进程。赛事运营公司在赛道之内主要的作用是制订合理的赛事运营方案，就赛事对相关公共资源需求提出合理的规划建议，为政府决策提供依据，协助保证赛事所需各项由政府协调和调动资源的有效落地。

（二）赛道之外由市场主体主导

所谓的赛道之外主要是指围绕赛事相关的宣传推广策略，围绕赞助商需求的市场营销活动，围绕参赛者需求的运动训练和康复、餐饮、交通、旅游、赛事衍生品等周边产业的开发。这些工作是真正能够使一场马拉松赛事具有生命力的核心工作，是避免赛事同质化的关键所在，政府应该主动放手由市场主体来做。坦率地说，目前大部分赛事对于宣传推广和跑者服务都投入了很大的精力，但是在赞助商权益保障和营销需求方面做得并不是太好。企业赞助马拉松赛事除了最基础的品牌宣传需求外，其实更注重的是如何通过赛事活动让品牌与消费者实现最直接的互动，考虑未来的可持续销售，努力把马拉松参赛选手和城市人群变成自己的用户。这对企业来说合情合理的需求，但是大多数的赛事运营主体受限于赛事场景和自身能力的问题无法很好地满足这一需求。

（三）政府与市场在赛道内外高效配合并互相补位

马拉松这样的大型群众性体育赛事一定要有市场的积极参与，一方面市场主体会带来高效的管理运作方式，另一方面充足的社会资本会让体育赛事大范围地迸发。但是，由于马拉松赛事参与者多为广大体育健身爱好者，年龄、学识、背景不尽相同，对于赛事中可能存在的风险意识不足，因此需要政府的监督机制来约束一些不良行为，对赛事举办过程中可能产生的社会不良影响第一时间进行处理和规避。

马拉松赛事的成功举办离不开政府和市场在赛道内外的高效配合和互相补位，依赖于政府主导与市场参与的有效结合。一方面要合理发挥政府在资源配置和整合中的先天优势，另一方面要充分利用市场在资本和运作模式方面的高效机制，两者对于马拉松体育赛事都是不可或缺的。特别需要指出的是，我们一定要清醒地意识到，在中国目前的体制下，马拉松赛事单纯依靠市场运作是达不到资源的最优化配置的，所以还是需要政府各部门相互配合与协调，为赛事保驾护航。如何均衡两者在赛事运营过程中的关系，找到适合双方的角色定位，也期待相关的政府部门和从业者共同来研究和探讨。

第二节　马拉松赛事与文化的深度融合

自 1896 年首届奥运会后，马拉松赛事就在世界各地广泛举行。有人总结了马拉松赛事广受欢迎的奥秘，就是开放和包容。所谓开放就是比赛场地的开放，整个城市作为比赛的赛道，在城市中比赛，在比赛中游览城市；所谓包容就是对参赛者的包容，其他观赏型的竞技体育项目，观众只是观赏高水平选手的竞技表演，而马拉松比赛不同，其强调的是参与感，作为业余爱好者可以和精英选手同场竞技。本节以上合昆明马拉松为主要案例，并结合国内的一些精品赛事为例，来共同探讨赛事如何通过与国际组织、全国性组织及地方政府密切合作，高度契合主流战略导向，深度挖掘城市特色和马拉松文化内涵，从而推动国家战略、地域文化和体育精神的深度融合。

一、马拉松赛事与顶层发展战略的深度融合

（一）马拉松运动具备与国家战略融合的先天性基因

目前，能将体育事业和体育产业涵盖在其中的国家战略有三个：第一个战略是“全民健身”；第二个战略是“健康中国”；第三个战略是“体育强国”。三个与体育有直接关系的政策，可以说使体育产业进入了历史上最好的时期。国家战略的发布，至少说明国家顶层设计对体育非常重视，但是我们要琢磨国家战略所

倡导的方向是什么，鼓励的趋势是什么，扶持的重点是什么，以此为抓手，广大的体育市场主体才可以获得很多行业发展的思路，进而做出自己的策略选择。马拉松赛事是有着广泛国际影响力的体育赛事，对于扩大区域知名度、促进经济社会发展具有重要的拉动作用。随着马拉松运动热潮的兴起和不断完善，该运动的外延也在不断扩大，带动了很多周边产业的发展。马拉松运动恰好具备将以上三个国家战略有机融合在一起来共同发展的先天性基因。

（二）马拉松赛事与国际合作组织体育发展战略融合的机遇

2001 年 6 月 15 日，上海合作组织（以下简称“上合组织”）在中国上海成立，它是第一个以中国城市命名的国际组织。20 年来，上合组织已成为人口最多、地域最广、潜力巨大的跨区域多边综合性组织，为维护地区安全稳定、促进共同发展繁荣做出了重要贡献。2018 年 6 月 9 日至 10 日上合组织青岛峰会成功举行，习近平主席同各成员国领导人一起共同签署并发表了《上海合作组织成员国元首理事会青岛宣言》，《宣言》提出，成员国将继续在文化、教育、科技、卫生、旅游、民族手工艺、环保、青年交流、媒体、体育等领域开展富有成效的多边和双边合作，促进文化互鉴、民心相通。《宣言》强调，体育作为促进民间对话的有效因素具有重要意义，应脱离政治，并明确指出，定期举办的上合组织马拉松赛和一年一度的国际瑜珈日将促进友谊、和平、包容与和谐。2019 年 6 月 15 日上合组织元首峰会发表的《比什凯克宣言》指出，2018 年 12 月 2 日“上合昆明国际马拉松赛”和 2019 年 5 月 11 日“上合伊塞克湖马拉松赛”成功举行，支持定期举办上述活动，深化成员国人民间友谊和相互理解，提高本组织国际影响；2019 年 11 月 2 日《上海合作组织成员国政府首脑（总理）理事会第十八次会议联合公报》指出，2018 年 12 月 2 日“上合昆明国际马拉松赛”和 2019 年 5 月 11 日“上合伊塞克湖马拉松赛”成功举行，支持定期举办上述活动，欢迎 2019 年 12 月 1 日举行下一届“上合昆明国际马拉松赛”。这一系列重大决策的导向为体育赛事与上合组织发展战略的融合提供了难得的机遇，而马拉松赛事又以其盛大的场面、广泛的群众参与性以及对城市经济文化建设的拉动把握住了这个机遇。

上合昆明马拉松作为全世界范围内首个以国际组织来命名的马拉松系列赛

事，是上合组织唯一官方认可的大型文化体育类赛事，致力于通过体育精神和马拉松文化的内涵诠释“互信、互利、平等、协商、尊重多样文明、谋求共同发展”的“上海精神”。自2016年举办，短短四年来，上合昆明马拉松成为上合组织各成员国人文合作的亮丽名片，参与度与关注度也逐年上升。上合组织秘书长阿利莫夫指出：“上合组织马拉松赛已经不是一场简单的马拉松赛事，各成员国确定的目标是把它办成世界上独一无二的高水准文化体育盛事，以扩大上合组织的国际影响力。”上合昆明马拉松通过与上合组织体育发展战略的有机融合，其赛道已经远远超越了42.195公里的距离，是爱与友谊在国际间传递，体现了体育精神和马拉松精神从中国到世界的宣扬，从上合亚信阿斯塔纳国际马拉松赛到上合伊塞克湖马拉松赛，这场以体育为纽带促进文化交流的人文活动引起了上合18国的响应和社会各界的广泛关注，也让世界认识了中国昆明这个西南边陲城市的美丽、包容和开放。

二、城市如何借马拉松赛事走向世界

（一）马拉松赛事为城市搭建走向世界的平台

国家体育总局、发展改革委、旅游局等11部委联合印发的《马拉松运动产业发展规划》，为中国马拉松运动的产业化、规范化、系统化发展提出了纲领性指南。马拉松运动在政府的大力引导下，通过专业的市场化运作，激发社会广泛参与。马拉松运动的大力发展，体现出了对城市全民健康推动、精神文化生活塑造、城市品牌推广的重要意义。各个城市的马拉松赛事也从多方面全新升级改版，力求打造具有城市传统文化和现代文明交相辉映的精品赛事。大家通过各种形式的参与，让马拉松这个时尚健康的运动和生活方式赋予城市崭新的魅力。参与者既可以跑步，又可以游古迹、品美食，跑者在运动中感受城市的历史文化，品尝特色美食，体验城市发展新面貌，如北京马拉松的天安门广场起跑、西安马拉松的城墙、重庆马拉松的火锅宴、贵阳马拉松的爽爽贵阳、六盘水马拉松的凉都概念等。

还是以上合昆明马拉松为例，在上合组织平台基础上搭建的上合昆明马拉松赛通过近三年的运营，已经发展成为昆明这个位于彩云之南的“春城”以文体旅融合为主题、融入各成员国特色文化艺术元素的体育盛典。赛事举办期间，上合组织18个国家（含成员国、观察员、对话伙伴）的驻华使节积极参与，有来自世界各国的1.6万余名马拉松爱好者和专业运动员参加比赛。同时，在云南省政府和昆明市政府的全力支持和参与下，上合昆明马拉松已经成为云南省主动服务和融入国家发展战略、昆明市发展大健康产业、建设“中国健康之城”的重要组成部分，同时也是昆明市建设“区域性国际中心城市”目标的有力抓手。云南省政府借助上合昆明马拉松平台主动服务和融入“一带一路”建设，以“亲诚惠容”的开放姿态，不断扩容“朋友圈”；昆明市通过连续举办上合昆明马拉松赛事，全面提升“世界春城花都、历史文化名城、中国健康之城”三大城市品牌的战略。

（二）上合昆明马拉松走向世界的启示

上合昆明马拉松的发展之路的成功之处就在于很好地契合了国际组织与地方政府体育文化发展的战略，成为一种赛事与文化融合的典型示例，上合组织也借鉴在中国成功举办的经验，积极推动上合马拉松系列赛在成员国城市的落地。上合马拉松系列赛国外首站“上合亚信阿斯塔纳国际马拉松赛”在哈萨克斯坦隆重举行，有来自32个国家的6000余名选手并肩奔跑；圣彼得堡白昼马拉松赛作为圣彼得堡白昼节的重要组成部分，在极昼极美的白夜中比赛，每年都吸引了很多来自世界各地的马拉松爱好者参加，也融入了上合马拉松系列赛的元素；2019年5月11日“上合伊塞克湖马拉松赛”成功举办。这些城市马拉松的加盟都是对上合组织《青岛宣言》精神的落实，大家共同致力于通过文化和体育的民间交流促进国与国之间的友谊、和平、包容与和谐共存，这也是马拉松文化的体现和发扬。

我们坚信中国上下五千年的厚重历史文化一定会为我们提供丰富的文化资源。可以预知的是，未来马拉松赛事的生命力必然在于与城市发展战略和文化特色的高度融合，马拉松赛事与传统体育赛事的区别就在于马拉松是一个有故事的赛事，是一个可以和城市同呼吸、共命运的赛事，是一个有着鲜活生命力的赛事。

第三节 马拉松赛事文化融合之路的复制

马拉松成为新的时尚，是中国全民健身热潮升温的直接反映，伴随经济社会的发展，公众对生活质量追求水涨船高，跑步这项简单运动的风靡势所必然。全国数以千计的路跑赛事如何找到自己的文化根源并成功地与赛事有效融合是一个需要大家共同努力探索的课题，任重而道远。

一、依托国家战略打造“平台级”系列赛

马拉松赛事与文化结合是一个长盛不衰的热门话题，在百度上输入相关关键词竟然有3000万之多的相关结果，但仔细浏览大部分内容都是偏重于理论上的探讨，或者是就文化而论的泛泛之谈。而关于一个具体的马拉松赛事如何与国家、城市和体育本身文化结合的实践性探索其实是行业所迫切急需的，在马拉松赛事如火如荼的当下，我们更需要马拉松文化的积累和沉淀。一场成功的马拉松赛事不能仅局限于单纯的竞技与名次，而是应该为人们的社会生活和文化生活构建一个独特的平台。赛事通过平台展示竞技的价值和体育的魅力，城市通过平台展示城市风貌和营造多元的文化生活方式，参赛者通过平台挑战自我并享受马拉松这项运动带来的乐趣和磨砺，这才是为比赛奠定深厚文化基因和可持续发展的良策。

通过上节例子我们可以看出，上合昆明马拉松赛借助上合组织为背书，实现了赛事与国家战略、城市发展的深度融合，走出了一条马拉松赛事与文化融合的独特之路。但是，毕竟上合组织这种国际组织资源是稀缺资源，我们其他城市的赛事如何复制这种模式则是考验城市和赛事运营公司智慧和眼光的一道不大不小的考题。近年来，中国田径协会、中央电视台、人民网、新华网等国家级协会和媒体，都在致力于马拉松赛事与国家战略的融合，先后举办了“奔跑中国”“健康中国”“韵动中国”等马拉松系列赛，各地方的一些赛事也主动联合，举办了

“红色马拉松”“美丽中国乡村马拉松”等主题赛事。马拉松赛事从“单打独斗”向具有价值聚集效应的“平台级”系列赛转变，这也是中国马拉松赛事 IP 的一次营运模式的创新，为中国马拉松的专业化、市场化发展带来了一股新鲜力量。

二、精心打造赛事，契合城市文化

无论以何种主题或者何种形式来创新，大家的核心关注点都应该在于精心打造赛事，契合城市文化，使之与马拉松“挑战自我、拼搏向前”的文化深度交融，从而进一步丰富城市内涵，凝聚公众精神，激发昂扬斗志。

在国内，除了北京马拉松、上海马拉松、厦门马拉松、武汉马拉松等这样依托独有的城市品牌和政府大力支持而获得强大生命力的顶级赛事外，也有一批有着强烈马拉松情怀的行业开拓者专注于赛事运营的专业度，通过精心设计的赛事流程、跑者服务、赛道氛围，依托当地政府支持并与城市文化建设和群众热情紧密融合打造出了一批精品赛事，如无锡马拉松、兰州马拉松、杭州马拉松、西安马拉松、太原马拉松、扬州半程马拉松等，为中国马拉松赛事和城市文化的融合发展做出有益的探索。

三、丰富赛事产品，发挥跑者的示范和传播效应

马拉松赛事与文化融合的根本目的是丰富赛事产品。通过创新马拉松赛事形式，大力推进特色赛事运动项目发展，突出各个马拉松赛事之间差异化，各地一定要结合人文、自然景观等特色，因地制宜发展多样化赛事。可以在赛事场景方面进行创新：如乡村马拉松、草原马拉松、森林马拉松、山地马拉松、沙滩马拉松、红色主题马拉松等，推动马拉松运动产业的区域化发展；在参赛目标对象方面进行拓展：如女子马拉松、情侣马拉松、家庭亲子马拉松等；在赛事规模方面进行开发：如锦标赛、大满贯、奔跑中国、健康中国、韵动中国、一带一路、奥跑中国、社区跑、花园跑、校园跑等。

上述措施可以最大限度地满足广大跑步爱好者多层次、个性化、多元化的跑步需求，覆盖更广范围的马拉松参与受众，增加赛事本身的生命力和活力。但是，核心重点还是在于发挥跑者的示范和传播效应，要关注跑者的体验、公众的

体验，以跑者为主线来挖掘故事，传播和宣传参与享受奔跑的乐趣，拓展大众通过马拉松获取荣誉感、成就感的渠道，特别是发挥核心跑者、荣誉跑者的示范效应，激发大众参与跑步运动的热情，大力挖掘和发展马拉松赛事新看点，传播城市文化新亮点。正如国家体育总局、发展改革委、旅游局等 11 部委联合印发的《马拉松运动产业发展规划》中提到的几个举措：

1. 千名核心跑者：发现并通过各种方式宣传 1000 个核心跑者，分享跑者心得，彰显个性力量，让马拉松精神融入日常生活。

2. 千名路跑主播：通过发掘 1000 名路跑主播，加大直播互动平台。

3. 万名荣誉跑者：发现并通过各种方式宣传 10000 名荣誉跑者，聆听跑者故事，带动全民健身收获健康快乐。成绩择优选择的万名荣誉跑者组成“我要跑奥运”万人跑团，促进竞技体育与群众体育的深度融合发展。

4. 万名国际跑者：吸引 10000 名境外大众参赛者参与中国境内马拉松赛事，实现马拉松人才培养的国际化和赛事的国际化。

第四章　马拉松赛事与互联网平台的互动探索

“互联网+”时代，互联网已经深入我们生活的每一个部分，信息技术、多媒体技术、虚拟现实等新技术优化了我们的服务体验，便捷了日常生活，甚至影响了人们的价值观念。任何传统产业的革新都离不开新技术的驱动，体育产业同样也不例外，用互联网思维来探索马拉松赛事与互联网平台的互动，对于马拉松产业的发展具有一定的现实意义。正如百度创始人李彦宏曾经说过：“可能你做的事情不是互联网，但你的思维方式要逐渐从互联网的角度去想问题。”这种观念已经逐步被越来越多的企业家，甚至企业以外的各行各业、各个领域的人所认可。

本章主要结合笔者在阿里集团旗下阿里体育和大麦网体育中心近三年的工作经历，就传统马拉松赛事与互联网平台的互动融合方面做一些初步的探讨，主要是从赛事管理科学化、赛事运营智能化、赛事营销数字化、选手服务多样化（线上线下结合）等角度探索马拉松赛事如何在遵循赛事特点和规律的前提下，顺应“互联网+”的发展趋势。

第一节　马拉松赛事与互联网互动的现实意义

我国马拉松赛事近年来发展速度快、数量多，蕴含着巨大的市场，但在互联网应用水平上是落后于其他产业的。其中的原因可能是多方面的，既有传统体育赛事行业从业人员（特别是体育专业人员）理念和观点的相对封闭和滞后，也有互联网平台在体育行业数字化和智能化方面涉入不深，无法切实满足赛事运营方实际需求的因素在内。

借用阿里巴巴集团董事局主席、CEO 张勇（逍遥子）的一段话：“阿里巴巴在二十年的发展中，形成了 2C 和 2B 两个飞轮。……在 2B 上，阿里在任何产业的定位，都是助力商家服务消费者。目前每个产业都在走向数字化和智能化，每个产业要素也将被数字化。”那么作为马拉松赛事行业里的主要参与主体，无论是政府、赞助商还是运营商，从理论上讲，都可以通过与类似于阿里这样的互联网平台合作，借助他们在用户、支付和数据上的优势，助力马拉松赛事产业的数字化和智能化，通过与互联网平台的合作，借助其在商业操作系统、营销、品牌建设、会员管理和服务等各个环节的能力来实现整个行业的数字化转型，实现支撑赛事、赋能商家和服务跑者的发展目标。

一、支撑赛事，赋能传统赛事运营

马拉松赛事运营是一项庞杂的系统工程，在运营过程中我们担心和不可控的情况有许多，如赛前的人员集结、车辆的调度和物资的配送，发枪后在漫长的 42.195 公里的赛道上的人流通过速度、补给点的人员到位和物资消耗情况、城市交通和医疗保障情况，赛后物资的发放、回收和人员的疏散，所有这些情况现阶段赛事运营方都是通过经验和预估来管控，在实际过程中造成了大量的人员、物资、车辆和公共资源的浪费。这些问题其实都是可以通过一些已经在其他行业大规模应用的互联网技术和工具来解决，本节所谈的事例主要都是基于阿里集团的相关业务生态，但是市场上可供大家选择的有很多。

（一）关于赛事运营团队的目标管理数字化协同实践问题

马拉松赛事运营对团队协作和信息同步有着极高的要求，如何通过数字化协作来提升团队协同效率是一个很大的难题。目前，一些成熟的智能移动办公平台，如阿里集团全员办公使用的钉钉本身就是一个高效的数字化协作平台，完全可以实现赛事组织过程中通过目标设定、重要事项对齐、任务过程跟踪监督这三个团队协作的基本元素，来管理团队的短期和长期事务，有效地解决在赛事筹备过程中各种消息、会议、汇报和各种同步持续轰炸的无序状态。

（二）关于赛前人员有序集结问题

赛前人员集结可以通过和相关导航平台合作，如借助阿里集团旗下的高德平台打通和当地交通管理部门的合作，在高德地图实时发布赛场封路信息，及时引导城市人员、车辆在比赛当天的交通避让，使用赛场周边的停车场引导服务，引导赛事期间不同方向车辆到指定的停车场等。

（三）关于参赛人员身份识别及赛前实时人流监测问题

阿里集团旗下大麦网在大型演唱会、展览会已经广泛使用的前端人脸识别智能设备、中端实时数据监测系统、后端数据监测指挥中心等智慧现场成套解决方案已经非常成熟，完全可以移植到马拉松赛事的现场服务中来。

（四）关于赛事组织过程中物流配送系统

这几年随着电子商务的飞速发展，特别是“双十一”等购物节的疯狂，阿里、京东等都在物流领域科研方面不断加大投入，运用高科技来解决效率问题，降低人力成本，增加效益。我国物流行业的智慧能力、技术能力和服务能力已经得到了极大的提升，达到世界领先水平，马拉松赛事的物流配送完全可以借助这些成熟的物流供应商来实现物资的实时和有效配送。

（五）关于赛道人流监控和实时交通管制方面

阿里云与高德地图共同研发的 ET 城市大脑智能交通公共服务版，在国内首次将互联网、人工智能技术和数据应用到交通控制领域，可以用来为赛事提供“热点商圈路况”“堵点异常检测”等交通信息分析。

以上只是基于马拉松赛事运营过程中一些基本需求的探讨，赛事运营效率的提升和产业的升级肯定离不开先进的科技手段和互联网工具的助力，这一点相信大家是有共识的。但是在智慧科技赛事的实际推广和应用方面，目前无论是赛事运营公司还是互联网科技公司都还处在探索阶段，双方都没有找到一个共同的契合点，或者说都没有彼此深入研究各自的需求，所以还没有产生像在其他行业中

（如物流）的化学反应。就笔者本人的观点来说，马拉松赛事的数字化和智能化是未来发展的必然趋势，但是我们在现阶段一定要明确赛事应用智慧科技的目的一定是要能够促进产业升级，提升赛事运营效率，而不仅仅是成为一个华而不实的面子工程。

二、赋能商家，推动赛事营销的数字化升级

关于马拉松乃至整个体育赛事整体营销的基本逻辑就是通过各种宣发手段扩大赛事影响力，吸引尽可能多的人群关注和参与赛事，最终吸引政府支持和商家赞助来共同打造赛事品牌。当前行业普遍关注的焦点和难题就是赛事宣发如何更加有效地触达目标人群。在此给大家分享一个阿里文娱旗下的一站式宣发平台产品——“灯塔”，它是基于电影和演出行业的需求搭建的一个数字化营销平台，通过观影和观演用户生命周期管理，数据赋能品牌营销工具，全面串联从影片和演出曝光到售票的全渠道营销，通过多样性的互动玩法，让电影和演出营销变得更生动有趣。“灯塔”这样的数字化营销平台主要有三大功能板块：看票房、看效果、看人群，这三大功能板块其实是与体育赛事的营销需求完全重合的。那么体育赛事特别是马拉松赛事实现营销数字化的优势和特点主要有哪些呢？

（一）赋能传统赛事营销

数据驱动，效果为王，这一法则在体育赛事行业同样适用。马拉松赛事的精准营销服务一定要坚持“数据驱动、技术赋能”，致力于寻求“广告＋平台＋软件＋数据”四位一体的大数据效果营销解决方案，助力赛事运营商跨越式实现赛事营销数字化。

（二）提升赛事营销效率

通过建立赛事大数据营销体系，赋能中小赛事运营主体，切实改善观赛和参赛人群的体验，协助运营商建立从投放、追踪到效果评估的营销闭环。提供一个可以对赛事关注人群进行预估、赛事营销效果进行评估和赛事人群进行画像分析的可量化、可追踪的数字化营销工具。

（三）拓展赛事营销渠道

大数据技术的日趋成熟，给赛事营销带来深刻的变革，也使得赛事营销的传播渠道、聚客生态、场景升级、交易微创新等环节出现明显的从线下到线上的变化趋势。以数据为核心动力组成的“流量+数据+场景+创意”组合拳，将使赛事营销渠道多元化、营销效果最大化。

三、服务跑者，一站式满足选手多样化需求

中国马拉松目前在服务选手方面应该是走在了世界的前列，但是我们对于选手服务的90%以上的精力放在了参赛福利这一个方面，而对选手的服务如果与互联网平台结合其实有更多的事情可以去做，有更多的市场机会可以供挖掘和开发。

（一）有心借助互联网工具

工具层是互联网平台的基础能力和中枢神经，相当于底层建设。赛事主办方一定要有心并善于借助互联网工具来获取马拉松和跑步参与人群运动产生的数据，如步行数据、跑步数据、骑行数据、参赛频次等。

（二）精心培育互联网社区

社区层是互联网平台的血脉，赛事主办方在通过使用互联网工具了解跑步人群的基本数据的基础上来精心培育不同类型和层次的线上社区（如跑团群），在其中通过竞赛PK、社团活动、奖品激励等手段对社区内成员进行激励，促进社区成员的持续健康的活跃度，提升其对于社区的黏性，培育和发展马拉松赛事参与人群。

（三）匠心打造跑者服务体系

服务内容是互联网平台的呼吸系统，用来获取外部的氧气和能量。对跑步人群而言是获取专业的服务，对赛事主办方而言是创建营收的消费转化。主办方要

在通过工具和社区层获取和分析用户数据的基础上用匠心来打造跑者服务体系，为跑步人群和参赛选手提供优质的赛事资源，提供标准化、规范化的培训服务和参赛服务，为赛事公司提供专业的赛事运营咨询服务等。

第二节　开拓基于互联网平台的马拉松赛事第二现场

传统的马拉松赛事运营、策划和营销都是围绕着城市、赛道和实际到达赛事现场的人群等线下场景，在特定的时间、地点和场景中进行，无论赛事运营方采取何种方式，其涉及和影响到的范围和人群都受限于城市规模和参赛人数，都是有天花板的。本节提出要开拓的马拉松赛事第二现场是指基于互联网平台的线上场景，以用来区别于传统意义上的赛事线下场景。在第二现场运营中赛事运营主体通过与互联网平台合作，借助其在用户、支付和数据上的优势，进而对赛事现有的官网和报名平台进行深度开发和运营，最终通过数字化营销平台实现有效拓展赛事营销触达的时间、空间，扩大赛事传播影响力的目的。

一、第二现场的核心价值

第二现场的核心价值起源就是马拉松赛事通过主动与互联网平台合作来获取一个站位上的高度和资源上的背书。以阿里巴巴平台为例，我们从公开资料中查到其年度消费用户超7亿，年度支付用户已达9.6亿。另外，阿里、腾讯等互联网平台更具备核心价值的就是数据，这也是所有商家最看中的地方，通过每笔销售带来的数据积累，都可以作为未来使用的数字资产，为走向全方位的数字化经营做准备。大型互联网公司的所有产品都不是孤立的个体，而是与大体系连通，是一个大的平台体系，在依托这种生态模式之下打造的马拉松赛事第二现场中，平台与企业双方是共同运营和发展的关系。表2是初步总结的传统赛事现场与第二现场的对比，供读者参考。

表 2　传统赛事现场与第二现场的对比

分类	传统赛事现场	第二现场（互联网平台）
时间	赛事期间 3～4 天	3～4 个月
地点	起终点、赛道、马博会	互联网报名、营销、传播平台
空间	赛事举办城市	互联网生态
受众	现场人群	互联网平台用户

通过表 2 对比，我们可以清晰地看到，第二现场的运营将在拓展赛事空间、扩大触达人群、延伸宣传周期等方面完全区别于常规路跑项目的营销推广。

二、第二现场互联网赛事服务体系探索

基于第二现场的互联网赛事服务体系的基本逻辑：一是通过深度运营报名平台这个流量入口，在激发用户报名积极性的同时更好地服务赞助商；二是深入挖掘赛事大数据，实现赛事精准营销；三是借助互联网本地生活服务平台，实现跑者服务体系化和生态化。

（一）借力互联网工具，深度运营报名平台

赛事官网报名平台可能是马拉松赛事与互联网联结最紧密的部分，但是大部分的赛事都只是把它当作一个简单的报名入口和官方信息发布平台，满足于发布信息、采集信息的基本功能。而从互联网运营的角度来看，官网报名平台才是一个赛事最大的流量入口，是所有参赛人群必须要经过的关口，围绕这个主流量入口我们其实可以针对赛事营销、赞助商权益实现、衍生品开发销售需求等进行一系列深度的开发和运营，把它打造成一个数字化的赛事报名和营销平台。但可能是受限于赛事运营公司本身的精力有限、市场现有报名系统的功能局限、报名系统开发商业务模式单一的现状，我们对这一个有着巨大流量的营销平台的功能开发和运营投入重视度都是远远不够的。

（二）借助数字化营销平台，挖掘赛事大数据

从长远发展来看，马拉松赛事的运营商应该主动寻求依托阿里、腾讯等类似生态庞大且拥有极具商业价值用户群的互联网平台，通过分析用户数据、探寻用户兴趣和需求方向，为赛事营销提供直观而精准的决策依据，帮助赛事运营方科学制订宣发策略。基于互联网平台的大数据分析可以做到根据跑者用户消费行为习惯，分析用户对于消费品牌的喜好度排行，以达到赞助商精准聚焦；通过数字化手段分析跑者用户画像，按照生理年龄属性、地域属性、生活属性、社会属性、消费属性等多维度标签进行用户画像分析，以达到未来精准营销手段的实施。政府、运营商和赞助商未来都可以在大数据分析的基础上实现用户价值二次及多次开发。比如，上文提到的“灯塔”，就是通过支付宝、淘宝、微博、淘票票、优酷、UC、菜鸟、高德等“阿里系”全域资源，联合主流媒体、“意见领袖”、楼宇、智能电视等域内域外渠道联动、线上线下整合营销，向目标受众实现了精准投放，让优质影片和演出项目的口碑实现最广泛的传播，持续赢得了片方和制作方的赞誉和信任。

（三）联合本地生活服务平台，打造跑者服务生态体系

如何在吃、穿、住、行看等各方面系统提升跑者服务质量，打造跑者服务生态体系，是所有赛事主办方想竭力做好的重要事项，但是因为涉及的产业生态的复杂性，也一直是困扰赛事运营公司的大问题。在这方面杭州马拉松和海南三亚马拉松通过与阿里生态的本地生活服务平台联动，在全面便捷服务跑者，一站式满足用户看、玩、买等多样化需求方面提供了一个解决问题的方式：通过大麦、支付宝和阿里云提供的报名平台和小程序进行报名；通过飞猪为跑者提供官方酒店推荐、预订红包、外带早餐、延迟退房等专属服务；通过饿了么和口碑为跑者推荐星选餐厅；与天猫联手打造的马博会，为跑者带来更畅快的体育新零售体验场景；通过高德出行平台为选手提供赛事期间专属打车优惠券，指定绿色导航通道直达赛事起点等。

综上所述，在当今时代，任何一个产业的发展都离不开互联网平台的助力，作为传统行业的马拉松赛事一定要主动寻求与互联网的结合，这肯定是一个比较

漫长甚至痛苦的过程。一方面，作为赛事运营主体的赛事公司一定要积极求变，主动选择能够有效提升赛事运营效率、节约赛事运营成本的互联网平台来共同合作，要寻求它们背后所能带来的整合效应；另一方面，互联网从业者要主动降低维度，让互联网产业低姿态主动去融合实体产业，这样的合作才能带来“双赢”。

第三节　基于互联网平台的路跑产业发展思路

本节主要基于互联网平台的优势提出一些路跑产业发展的思路，供大家参考。

一、路跑发展现状及趋势

（一）现状

1. 在全民健身的热潮下，路跑已经成为最受中国公众欢迎的健身项目。其中，马拉松作为最常见的路跑赛事，更是吸引了大量路跑爱好者的目光。

2. 路跑产业背后蕴藏着巨大金矿。天猫、淘宝等网购平台的消费数据显示，2015 年路跑类消费总额达 218 亿元，消费人群达到 7300 万人。据《2019 年中国跑步服务行业研究报告》指出，2019 年中国的跑步运动行业规模市场将达 3600 亿元，核心跑步人群将达到 1 亿人，其中蕴含的潜在商机，也让跑步成为体育创业众项目中争夺最激烈的领域。

3. 中国田径协会发布的《2019 中国马拉松蓝皮书》指出，在刚刚过去的 2019 年里，各种级别的马拉松、路跑赛事依然呈井喷态势，规模赛事达到 1828 场，参赛人数达 712.56 万人次，再次刷新了历史新高。

4. 据不完全统计，目前市面上同时存在的跑步软件就有 140 余款，国内参与长跑运动的人数已有上亿人，各地跑团也有几千个，跑团规模越来越大。

（二）发展趋势

1. 在全世界范围内，路跑运动有一条不成文的规则，人均 GDP 达到 5000 美元，就是大众跑步运动快速发展的起点。20 世纪 60 年代，北美跑步运动兴起，恰好 1970 年美国人均 GDP 为 5063 美元。而中国人均 GDP 突破 5000 美元大关，是 2011 年。5000 这个数字则意味着，更多中国人有能力将目光投向生存之外的东西，比如通过跑步来保持健康。

2. 率先引领路跑风潮的是各行业的精英人群。万科集团总经理郁亮就是出了名的跑步人，虽然已经年过半百，但据称他跑完 5 公里只需要 20 分钟；SOHO 中国董事长潘石屹、小米科技创始人雷军也是资深跑步爱好者；更有甚者，如万科前副总裁毛大庆，甚至通过跑步治好了抑郁症。随之而来的是更多普通人的加入。得益于中产阶级的收入增长和国内消费升级，长期受美式生活方式影响的白领开始奋起直追，试图通过跑步等运动健身项目来自我标榜。

3. 根据国家体育总局统计的数据，2015 年中国的跑者人均消费接近 4000 元，按照这个基准推算，如果中国的跑步人口能达到整体人口的 1/10，跑步消费金额至少会达到 5000 亿元。这一统计无疑表明跑步市场存在巨大的投资潜力。

二、执行路径

美国国际数据集团（IDG）曾经分析过，目前互联网体育项目变现和融资的路径主要包括：打造自有赛事 IP；向线下延伸建立自有的体验店面和品牌；核心用户向非核心用户外延；打通电商渠道，将核心用户消费人群做出收入模式。这 4 种路径对路跑市场其实也完全适用，同时也说明了路跑项目对投资方的主要吸引点在哪里。归结到一句话就是“一个平台，两个支柱，三个主题”。

（一）一个平台

以马拉松赛事第二现场为平台，以大数据、大平台、大战略为核心理念，把马拉松赛事第二现场做成以平台为核心的跑者之家。

（二）两个支柱

以跑者服务和赛事运营为两个支柱。

1. 跑者服务：跑者主要分为个人跑者、跑团成员、赛事粉丝；服务的体系主要基于以下平台，如赛事报名平台、跑者交流平台、跑团平台、户外跑步装备展示平台、培训平台等。

2. 赛事运营：基于互联网平台区别于传统赛事运营的一大特色，就是让跑者通过线上、线下两种方式参与到比赛中来，将互联网与传统赛事完全结合，在此基础上衍生各种主题路跑项目，包括但不限于马拉松、越野跑、山地跑、10公里跑、定向运动等。

所有路跑赛事运营的最终目的是城市营销，是推动路跑产业运营方与当地政府进行进一步战略合作的抓手。

（三）三个主题

1. 跑者之家：把第二现场建成为广大跑者提供从跑前培训、赛事报名、赛中服务、赛后关爱等一站式服务平台，成为全国乃至全球跑步爱好者之家。

2. 百团大战：集结全国各地优秀跑团，邀请明星跑团免费进驻，扩大影响力，办成跑团之家，组织线上、线下跑团挑战赛，包括月赛、季赛、年终总决赛等。

3. 平台运营：借助互联网工具，打造运营线上线下结合的路跑赛事平台，汇集马拉松、越野跑、山地跑、10公里跑、定向运动等各种路跑赛事形式服务于广大跑者。平台运营思路：一是以地域划分为对象，分区域组织路跑系列赛，展示城市印象，宣传城市特色，多模式宣传组合；二是以主题性系列赛为对象，如长征系列赛、上合系列赛、健康中国系列赛、韵动中国系列赛等，借助强势媒体打造，作为平台在网络及平面媒体集中展示推广的重要途径。